나의 첫 문법 파트너

초등영문법
777 ②

KB029695

Let's dance.
춤 추자.

UNIT 01
동사를 돕는 조동사

공부한 날 :   복습한 날 :   부모님 확인 :

조동사의 '조'는 '도와주다'라는 뜻이에요. 조동사는 '동사'를 도와줍니다.
그래서 '조동사'라는 이름이 붙여졌고요. 우리가 지금까지 공부했던 동사들이 조동사와 만나면 뜻이 더
풍부해지고, 동사가 할 일도 조금 줄어든답니다. 예를 들어볼까요?

I can play the guitar.
나는 기타를 칠 수 있다.

이렇게 '~할 수 있다'라는 뜻을 가진 조동사 can
덕분에 뜻이 더해져 '능력'의 의미를 나타낼 수
있답니다. 조동사의 특징을 더 알아볼까요?

She plays the guitar. → She can play<del>s</del> the guitar.

조동사는 문장에서 동사의 바로 앞에 놓여요.

조동사가 동사 앞에 놓이면 동사는 원래의 모양인 동사원형으로 돌아
가야 해요.

☆ 다시 한 번 말하지만 조동사는 동사 앞에 위치한다는 것, 잊지 마세요!

조동사를 쓸 때 한 가지 조심해야 할 게 있어요.

한 문장에서 조동사를 사용할 수 있는
기회는 딱 한 번뿐이라는 거죠.

조동사를 두 번 쓰고 싶을 때는
조동사와 뜻이 비슷한 친구로 바꿔서 쓴답니다.

이렇게 동사를 도와주는 조동사에는 다음과 같은 것들이 있어요.

I will can play tennis. (X)
조동사 조동사

I will be able to play tennis. (O)
나는 테니스를 칠 수 있게 될 것이다.

can=be able to (~할 수 있다)

can: ~할 수 있다   must: ~해야 한다   will: ~할 것이다   may: ~일지도 모른다, ~해도 좋다

Step 1 괄호 안에서 알맞은 것에 ○표 하세요.

01 I (can play) / play can) the piano.

02 She (wills go / will go) to school.

03 You (must drink / must drinks) milk.
~해야 한다

04 We (can eats / can eat) bananas.

05 He (mays find / may find) the store.

06 I (learn must / must learn) English.
배우다

07 She (musts meet / must meet) him.

08 You (will like / like will) this cartoon.
만화

09 He (can speaks / can speak) Chinese.
중국어

10 She (may answer / may answers) the question.
답하다   질문

Step 2 밑줄 친 부분을 바르게 고쳐 쓰세요.

01 She can plays tennis.   ⇨ play

02 I will am a doctor in the future. ⇨ _____
미래

03 You eat must vegetables.   ⇨ _____
채소

04 He mays draw a picture.   ⇨ _____

05 We can gets up early.   ⇨ _____

06 He wills go fishing.   ⇨ _____

07 May I comes in?   ⇨ _____

08 She thinks may about her pet.   ⇨ _____
애완동물

Step 3 주어진 단어들을 바르게 배열하여 문장을 완성하세요.

01 (everything / remember / He / can).   ⇨ He can remember everything.
모든 것   기억하다

02 (may / You / home / go).   ⇨ _____

03 (drink / You / can / tea).   ⇨ _____
차

04 (They / take / must / a bus).   ⇨ _____

05 (Tomorrow / be / will / mine).   ⇨ _____

06 (must / He / buy / some pencils).   ⇨ _____
약간의

07 (this food / must / try / You).   ⇨ _____
맛보다

08 (will / You / learn / French).   ⇨ _____
프랑스어

09 (My father / a chair / can / make).   ⇨ _____

10 (wait for / must / your turn / You).   ⇨ _____
~을 기다리다   차례

Step 4 우리말 해석과 같도록 괄호 안의 단어 중 맞는 것에 ○표 하세요.

01 His father ((can) / must) buy a chocolate bar. 그의 아버지는 초콜릿 바를 살 수 있다.

02 They (will / must) take a test. 그들은 시험을 치러야 한다.
시험을 치르다

03 You (will / can) put the chair here. 너는 여기에 의자를 둘 수 있다.
~을 …에 놓다

04 My brother (may / will) be a doctor. 내 남동생은 의사가 될 것이다.

05 You (can / will) hear this story. 너는 이 이야기를 들을 수 있다.

06 They (can / must) come together. 그들은 함께 와야 한다.

07 We (will / must) be busy tomorrow. 우리는 내일 바쁠 것이다.
바쁜

08 The leaves (must / may) become red. 나뭇잎들이 빨갛게 될 지도 모른다.
~가 되다, ~하게 되다

Step 5 밑줄 친 부분을 [보기]와 같이 be able to를 이용하여 문장을 다시 쓰세요.

> [보기] **I will can swim in the future.**
> → **I will be able to swim in the future.**
> ~할 수 있다

01 I will can speak Japanese.
일본어
⇨ I will be able to speak Japanese.

02 You must can read it.
⇨ _____

03 You must can call me.
⇨ _____

04 He may can see the others.
다른 것들, 다른 사람들
⇨ _____

05 My friends will can help their classmates.
학급 친구
⇨ _____

06 She will can know her score.
점수
⇨ _____

중학교 내신 시험에 꼭 나오는 문법 요점 정리 | 동사를 돕는 조동사

● 조동사의 특징
  • 조동사는 반드시 동사의 (① _____)에 위치!
    예) I play can the piano. (x)   I can play the piano. (o)
  • 조동사는 한 문장에 (② _____)! 두 번 와야 한다면, 한 개는 비슷한 표현으로 바꿔 준다.
    예) I will can clean the room. (x)   I will be able to clean the room. (o)
  • 조동사 다음에 나오는 동사는 꼭 (③ _____)으로!
    예) She must goes to school. (x)   She must go to school. (o)
● 대표적인 조동사
  • can '(④ _____)'   • must '~해야 한다'
  • will '~할 것이다'   • (⑤ _____) '~일지도 모른다'

may ⑤ 다있 수 할~ ④ 형사형동 ③ 개 한 ② 앞 ① 답정

UNIT 02
할 수 있어! can

공부한 날 :   복습한 날 :   부모님 확인 :

I can swim.
나는 수영을 할 수 있어.

I can't swim.
나는 수영을 할 수 없어.

앞에서 조동사 can은 '~할 수 있다'라는 의미라는 것을 배웠어요.
평범한 동사에 할 수 있다는 능력을 불어 넣어주는 조동사이죠.
그리고, 조동사 can을 가지고 '~할 수 없다'라는 의미를
쓰려면 can 뒤에 not을 써서 <u>cannot</u> 또는 줄여서
<u>can't</u>라고 표현합니다.

She can speak English.
그녀는 영어를 말할 수 있어.

He can't speak English.
그는 영어를 말할 수 없어.

이제는 can을 이용해서 '~할 수 있니?'라는 질문을 만들어 볼까요?
일반 문장의 <u>주어</u>와 <u>조동사</u>의 순서만 바꿔 주면 된답니다.

You can speak English.
✕
Can you speak English?

Yes, I can.
네, 할 수 있어요.

No, I can't.
아니오, 할 수 없어요.

어때요, 쉽죠? 조동사 can으로 질문했을 때는 대답할 때도
역시 can을 넣어 주면 돼요.

Can I use your pen?
네 펜을 써도 돼?

Sure.
그럼.

조동사 can은 <u>허락</u>을 구하거나 무엇인가를 <u>부탁</u>할 때 쓰기도 해요.
그래서 Can I ~?, Can you ~?를 '~해도 될까요?', '~해 주시겠어요?'
라고 해석하기도 합니다.

이처럼 부탁하는 의미의 의문문에는 Yes/No이외에도
'물론이죠', '괜찮아요' 등으로 다양하게 대답하면 더
좋아요. 안 된다고 할 때는 안 된다고 딱 잘라 거절하기
보다는 '미안하지만……'이라고 말해 주는 게 더 좋겠죠?

Can you open the door?
문 좀 열어 주겠니?

Sure.
그러죠.

 Sure. / Of course. / OK.
그럼, 물론이지.

 I'm sorry, but I can't.
미안하지만, 안돼.

연습문제  | 문제를 풀고 녹음 파일을 따라 읽고 연습하세요. 🎧 MP3 2권 본문 UNIT 02
정답 및 해석 p. 109

초777_2_p2

Step 1 긍정문은 부정문으로, 부정문은 긍정문으로 고치세요.

01 He can go to school. ⇨ <u>He can't[cannot] go to school.</u>

02 You cannot laugh. ⇨ _____

03 She can take a picture. ⇨ _____

04 I can sing a song. ⇨ _____

05 We can't buy the house. ⇨ _____

06 They can play tennis. ⇨ _____

07 He can eat the cake. ⇨ _____

08 I cannot go shopping. ⇨ _____

09 You can't park your car. ⇨ _____
　　　　　　　　주차하다

10 You can take a walk. ⇨ _____
　　　　　　　　산책하다

11 They can speak Japanese. ⇨ _____

12 They can't catch the bus. ⇨ _____
　　　　　　　잡다, 붙잡다

13 I can read the book. ⇨ _____

14 She can't sleep at night. ⇨ _____

Step 2 주어진 문장을 의문문으로 바꾸고 긍정과 부정의 답을 쓰세요.

01 They can work in New York.　　　　　　YES　<u>Yes, they can.</u>
　⇨ <u>Can they work in New York?</u>　　NO　<u>No, they can't.</u>

02 You can ride a bicycle.　　　　　　　YES　_____
　　　　　자전거를 타다
　⇨ _____　　NO　_____

03 He can wear this coat.

YES _____

⇨ _____

NO _____

04 She can change her name.
바꾸다

YES _____

⇨ _____

NO _____

05 We can cut the cake.
자르다, 절단하다

YES _____

⇨ _____

NO _____

06 Sally can brush her teeth.

YES _____

⇨ _____

NO _____

07 He can jump the rope.
줄넘기를 하다

YES _____

⇨ _____

NO _____

08 They can take a break.
잠깐 쉬다

YES _____

⇨ _____

NO _____

09 She can write poems.
시

YES _____

⇨ _____

NO _____

10 We can wash the dishes.
설거지를 하다

YES _____

⇨ _____

NO _____

Step 3 조동사 can이 능력의 뜻으로 쓰였으면 '능', 허락의 뜻으로 쓰였으면 '허'라고 쓰세요.

01 I can do everything. ⇨ 능

02 She can speak Korean. ⇨ _____

03 Birds and flies can fly. ⇨ _____
fly 파리, 날다

04 You can have my textbook. ⇨ _____
교과서

05 I can paint your face. ⇨ _____
얼굴

06 Can I put the bag here? ⇨ _____

07 She can stay in my room. ⇨ _____
머무르다

08 My father can draw a map. ⇨ _____
지도

09 You can go now. ⇨ _____

10 Can I use your ruler? ⇨ _____
자

01   A: It is cold. Can I close the window?

  B: ((Sure) / No). I am cold, too.

02   A: Can you tell me your name?

  B: (I'm sorry / Of course). I am Jisu.

03   A: Can I use your eraser?
              지우개

  B: (I'm sorry / Sure), but I don't have it.

04   A: I am late. Can you drive me to school?
                        차로 태워다 주다

  B: (No / OK), let's go!

05   A: Can I go outside with Jack?
                      바깥에

  B: (No / Sure), it's raining.
                        비가 오다

06   A: Can you go to the store with me?

  B: (I'm sorry / Of course). I am free.
                                    한가한

중학교 내신 시험에 꼭 나오는 문법 요점 정리 | 할 수 있어! can

● **능력과 허락의 조동사 can**

 • 조동사 can의 두 가지 의미: 1. '(① _____)'

              2. '~ 해도 좋다'

 • 조동사의 부정: 조동사 + (② _____)

  can의 부정: cannot이며 줄여서 (③ _____)로 간단하게 표현

 • 조동사의 의문문: 「조동사 + 주어 + 동사 ~?」

  예) You can swim. → (④ _____)?

 • Can you ~?로 물어보면 대답은 간단하게 Yes / No로 할 수 있다.

① ~할 수 있다 ② not ③ can't ④ Can you swim

UNIT 03
꼭 해야 해! must

You must wear your seat belt.
너는 안전벨트를 매야 해.

공부한 날 :   복습한 날 :   부모님 확인 :

must

조동사 must는
'~해야 한다'의 뜻이에요.
차를 탈 때는 안전벨트를 꼭 매야 하고,
길을 건널 때는 파란 불일 때 건너야 하죠?
이처럼 반드시 해야만 하는 일을 나타낼
때는 조동사 must를 쓴답니다.

have to

have to도 '~해야 한다'라는
뜻이지만 의미가 좀 더 약해요.
안 해도 큰 문제는 없지만 우리가
하는 것이 나은 것들을 나타낼
때는 have to를 쓰면 더 좋아요.
잠깐! have to는 3인칭 단수가
주어일 때는 has to로 쓴답니다.

**This is my medicine.
I have to take it
three times a day.**
이건 내 약이야.
하루에 세 번 먹어야 해.

이번에는 부정형을 알아볼까요?
must랑 have to가 긍정문에서 쓰일 때는 둘 다 뜻이 비슷하지만
부정형으로 쓸 때는 뜻이 완전히 달라지니 주의하세요.

먼저, must의 부정형은 앞에서 배운 can과 똑같이 must 뒤에 not을
써 주면 된답니다. must not의 뜻은 '~해서는 안 된다'가 되겠죠?

You must not move.
너는 움직여서는 안 된다.

반면에 have to의 부정형은 '~할 필요가 없다'라는 뜻을 가지고 있어요.
해도 되고 안 해도 크게 상관은 없다는 거죠.

have to는 조동사처럼 뒤에 not을 붙이지 않고,
앞에서 배운 일반동사처럼 do 동사를 사용해 부정형을 만들어요.

You don't have to eat it.
너는 그것을 먹을 필요가 없다.

have to를 이용해 '~해야 합니까?'라고 물어보려면 어떻게 해야 할까요? 물어볼 때도 역시 do를 이용
한답니다. 참, 주어가 3인칭 단수일 때는 do가 아니라 does를 쓴다는 건 모두 다 알고 있죠?

Do you have to ~?

Yes, I do.
No, I don't.

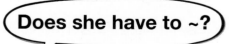

Does she have to ~?

Yes, she does.
No, she doesn't.

연습문제

문제를 풀고 녹음 파일을 따라 읽고 연습하세요. 🎧 **MP3** 2권 본문 UNIT 03
정답 및 해석 p. 109

Step 1 긍정문은 부정문으로, 부정문은 긍정문으로 고치세요.

01 She has to move the table.
⇨ She doesn't have to move the table.

02 You must go to elementary school.
　　　　　　　　　　　초등학교
⇨ _____

03 I don't have to take care of my sister.
　　　　　　　　　　~을 돌보다
⇨ _____

04 You must not cross the road.
　　　　　　　　건너다
⇨ _____

05 I must not leave my dog alone.
　　　　　　　놔두다　　　　　홀로
⇨ _____

06 We have to deliver the letters.
　　　　　　　　배달하다
⇨ _____

07 They must say good-bye to her.
　　　　　　작별 인사하다
⇨ _____

08 You don't have to water the tree.
　　　　　　　　　물을 주다
⇨ _____

09 She doesn't have to hurry up.
　　　　　　　　　　서두르다
⇨ _____

10 They have to watch this show.
　　　　　　　　　　　쇼, 공연
⇨ _____

Step 2 문장에서 틀린 부분을 찾아 바르게 고치세요.(단, 주어는 바꾸지 마세요.)

01 I has to speak loud for my grandmother.　　　has to ⇨ have to
　　　　　　　　크게

02 She musts exercise every day.　　　　　　　　　⇨ _____
　　　　　　운동하다

03 They must wears the seat belts.   ⇨ _____

안전벨트

04 Do she have to clean her room?   ⇨ _____

05 I have not to fill the bottle.   ⇨ _____

채우다

06 Does he has to climb the wall?   ⇨ _____

벽

07 We don't must drink dirty water.   ⇨ _____

더러운

08 She don't have to empty the trash can.   ⇨ _____

비우다   쓰레기통

Step 3   두 문장의 뜻이 비슷해지도록 have to를 활용하여 빈칸을 채우세요.

01 They must follow this road.

따라가다
= They __have to__ follow this road.

02 Jenny must wear that yellow dress.

= Jenny _____ wear that yellow dress.

03 You must clean it right now.

지금 당장
= You _____ clean it right now.

04 He must listen to his father.

= He _____ listen to his father.

05 They must eat some vegetables.

채소
= They _____ eat some vegetables.

06 You must turn off the light.

~을 끄다
= You _____ turn off the light.

07 She must prepare for her test.

~을 준비하다
= She _____ prepare for her test.

08 We must write an essay in English.

에세이, 수필
= We _____ write an essay in English.

09 Your father must sign the paper.
서명하다
= Your father _____ sign the paper.

10 You must arrive at the airport on time.
도착하다　　　　　　　　　　정각에, 시간을 어기지 않고
= You _____ arrive at the airport on time.

Step 4　우리말 해석과 같도록 빈칸에 알맞은 말을 쓰세요.

01 They _don't have to_ clean the table now. 그들은 지금 식탁을 치울 필요가 없다.

02 We _____ spit on the street. 우리는 길에 침을 뱉어서는 안 된다.
침을 뱉다

03 She _____ sing a song. 그녀는 노래를 부를 필요가 없다.

04 You _____ get up early. 너는 일찍 일어날 필요가 없다.

05 I _____ bring my textbook. 나는 내 교과서를 가져올 필요가 없다.

06 He _____ leave bad messages. 그는 나쁜 메시지들을 남겨서는 안 된다.

07 You _____ speak here. 너는 여기서 말하면 안 된다.

08 You _____ read the letter out loud. 너는 소리내어 편지를 읽을 필요가 없다.
소리내어

09 We _____ push the button. 우리는 그 버튼을 누르지 말아야 한다.
밀다, 누르다

10 She _____ cook. 그녀는 요리를 할 필요가 없다.

중학교 내신 시험에 꼭 나오는 문법 요점 정리 | 꼭 해야 해! must

● **조동사 must**

- 조동사 must의 뜻: (① 　　　　　　　　)
- must와 의미가 비슷한 표현: (② 　　　　　　)

- **부정문**
  must not: ~해서는 안 된다
  don't/doesn't have to: (③ 　　　　　　)

- **have to의 의문문**
  주어가 3인칭 단수가 아닐 때: Do + 주어 + have to ~?
  주어가 3인칭 단수일 때: (④ 　　　　　　) + 주어 + have to ~?

① ~해야 한다 ② have[has] to ③ ~할 필요가 없다 ④ Does

UNIT 03 / 꼭 해야 해! must **13**

UNIT 04
be동사 과거형

'어제 너무 피곤했어.', '지난주에 엄마가 화가 나셨어.'는 지금이 아니라 과거에 일어났던 일을 표현하는 문장들이죠?
이렇게 예전에 일어난 일들을 말할 때는 문장의 동사를 과거형으로 써 줘야 한답니다.
그럼, 먼저 be동사의 과거형을 같이 살펴봐요.

It was bright.
밝았다.

It is dark now.
지금은 어둡다.

be동사의 현재형은 am, are, is 세 개지만 과거형은 was, were 두 가지 밖에 없으니 참 간단해요!
대신 주어에 따라 어떤 형태를 쓰는가는 아래의 짝을 잘 살펴서 반드시 외워두세요.

단수형은 was!

I, she, he, it ⇄ was

2인칭과 복수형은 were!

we, you, they ⇄ were

be동사 과거형의 부정은 was나 were 뒤에 not만 붙여 주면 됩니다.
was not과 were not은 wasn't와 weren't로 줄여 쓸 수 있어요.

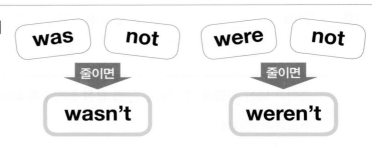

| was | not |
| were | not |

줄이면 → **wasn't**

줄이면 → **weren't**

어제

Yesterday, she wasn't at home.
She was in the hospital.
어제 그녀는 집에 없었다.
그녀는 병원에 있었다.

지금

She is at home now.
지금 그녀는 집에 있다.

be동사 과거형의 의문문을 만들 때도
두 개의 자리를 바꿔 「be동사 + 주어」로
시작하면 됩니다.

She was in the kitchen.
✕ * 대소문자 주의
Was she in the kitchen?

be동사 과거형의 의문문에 대한 대답은 Yes나 No로 하면 된답니다.

Were you late?
너 지각했니?

No, I wasn't.
아니, 안 했어.

Was he at work?
그는 직장에 있었니?

No, he wasn't. He was at home.
아니, 없었어. 그는 집에 있었어.

연습문제 | 문제를 풀고 녹음 파일을 따라 읽고 연습하세요. 🎧 MP3 2권 본문 UNIT 04
정답 및 해석 p. 109

Step 1 밑줄 친 부분을 줄여 쓰세요.

01 I <u>was not</u> in class. ⇨ <u>wasn't</u>

02 She <u>was not</u> upset. ⇨ _____
　　　　　　　　화가 난

03 He <u>was not</u> smart. ⇨ _____

04 They <u>were not</u> silly. ⇨ _____
　　　　　　　　　어리석은

05 It <u>was not</u> sunny. ⇨ _____

06 We <u>were not</u> hungry. ⇨ _____
　　　　　　　　　배고픈

07 It <u>was not</u> a ruler. ⇨ _____

08 She <u>was not</u> tall. ⇨ _____

09 He <u>was not successful</u> in business. ⇨ _____
　　　　　　　성공한　　　　　　사업, 장사

10 We <u>were not</u> farmers. ⇨ _____
　　　　　　　　농부

Step 2 문장을 의문문으로 바꾸세요.

01 She was scared of the ghost.
be scared of ~에 겁먹다   유령
⇨ *Was she scared of the ghost?*

02 We were close friends.
가까운, 친한
⇨ _____

03 I was a diligent student.
부지런한
⇨ _____

04 You were in the picture.
⇨ _____

05 He was happy.
⇨ _____

06 We were in Africa.
아프리카
⇨ _____

07 They were glad to see her.
기쁜, 반가운
⇨ _____

08 He was nervous.
신경이 곤두선
⇨ _____

09 The children were small.
⇨ _____

10 She was wrong.
잘못된, 틀린
⇨ _____

Step 3 문장을 부정문으로 바꾸세요.

01 She was alone.
홀로
⇨ *She wasn't[was not] alone.*

02 You were my hero.
영웅
⇨ _____

03 He was like his father.
~와 비슷한
⇨ _____

04 We were in front of the hospital.
~ 앞에
⇨ _____

05 The musical was fun.
뮤지컬
⇨ _____

06 It was a sunny day.
⇨ _____

07 This was his notebook.
⇨ _____

08 I was in the bathroom.
욕실
⇨ _____

09 She was a super star.
　　　　　　대스타
⇨ _____

10 It was far from my house.
　　　　　먼　　～로부터
⇨ _____

Step 4 밑줄 친 부분이 맞으면 ○표, 틀리면 ✕표 하고 바르게 고쳐 쓰세요.

01 <u>Were</u> you Tom's friend?
⇨ _____○_____

02 She <u>weren't</u> late that morning.
⇨ _____

03 You <u>was</u> with a cat.
⇨ _____

04 <u>Was</u> he married?
　　　　　　결혼한
⇨ _____

05 I <u>not was</u> a princess.
　　　　　　　공주
⇨ _____

06 <u>Were</u> this mirror yours?
　　　　　　　거울
⇨ _____

07 Your notebook <u>were</u> wet.
　　　　　　　　　　젖은
⇨ _____

08 I <u>was</u> in the Chinese restaurant.
⇨ _____

09 <u>Was</u> the room dark?
　　　　　　　　어두운
⇨ _____

10 She <u>were</u> so happy.
⇨ _____

UNIT
04

중학교 내신 시험에 꼭 나오는 문법 요점 정리 | be동사 과거형

● **be동사의 과거형**

· be동사의 과거형

현재형	과거형
am	(①　　　　　)
are	(②　　　　　)
is	(③　　　　　)

· be동사 과거형의 부정

과거형의 부정	줄임말
was not	(④　　　　　)
were not	(⑤　　　　　)

· be동사 과거형 의문문 만들기

(⑥　　　　　　　　)을 문장의 앞에 쓰고 그 다음 (⑦　　　　　　　　)를 쓴다.

예) She was in Japan last year. → (⑧　　　　　　) in Japan last year?

① was ② were ③ was ④ wasn't ⑤ weren't ⑥ be동사 과거형 ⑦ 주어 ⑧ Was she

UNIT 05
일반동사 과거형

공부한 날 :　　　　복습한 날 :　　　　부모님 확인 :

우리가 하는 말을 살펴보면 '어제 TV 봤어?', '숙제 했어?' 처럼
과거형으로 말하는 경우가 많아요.
그래서 동사의 과거형을 아는 게 중요하답니다.
과거라고 하니까 아주 먼 과거를 얘기하는 것 같나요?
아니에요. 바로 1초 전도 '과거'라고 할 수 있죠.
앞에서 be동사 과거형을 배웠는데요, 일반적인 동작이나
상태를 나타내는 일반동사의 과거형을 어떻게 만들까요?

walk	➡	walked
걷다		걸었다
play	➡	played
놀다		놀았다
live	➡	lived
살다		살았다

거의 대부분의 일반동사는 동사 뒤에 -ed만 붙여 주면 과거형이 됩니다.
live처럼 e로 끝나는 동사는 그냥 -d만 붙여 주면 된답니다.
이렇게 규칙대로 변하는 동사를 '규칙동사'라고 해요.

동사에 -ed를 붙여서 과거형을 만들지 않는
동사들도 있어요. 이런 동사를 '불규칙동사'라고 하고,
불규칙 동사들은 과거형을 외워야 해요. 그럼, 어떤
동사들이 어떤 모양 변화를 하는지 그림을 한번 살펴볼까요?

say ➡ said
말하다　말했다

read ➡ read
읽다　읽었다

come ➡ came
오다　　왔다

go ➡ went
가다　갔다

write ➡ wrote
쓰다　썼다

sing ➡ sang
노래하다　노래했다

get ➡ got
얻다　얻었다

지금까지 배운 일반동사의 과거형을 이용해 부정문을 만들어 봐요.
일반동사 현재형의 부정문은 주어에 따라서 주어의 뒤에 do not을 쓸 때도 있고, does not을 쓸 때도
있었어요. 하지만 과거형의 부정문은 주어에 상관없이 전부 did not만 쓴답니다.
간단히 줄여서 didn't로 쓰기도 한다는 것, 잊지 마세요!

현재형의 경우　I don't ~.

He doesn't ~.
3인칭 단수

형태가 바뀐다!

과거형의 경우　I didn't ~.

He didn't ~.
3인칭 단수

형태가 같다!

그럼 이번엔 일반동사의 과거형을 이용한 의문문을 만들어 볼게요. 「Did + 주어 + 동사 ~?」의 순서대로 쓰면 됩니다. 의문문을 만들 때도 주어가 누군지와는 상관없이 Did를 이용하면 돼요.

Did Mike enjoy the movie?
Mike는 그 영화를 즐겼니?

대답은 Yes/No로 해요!
Yes, he did. 응, 그랬어.
No, he didn't. 아니, 안 그랬어.

이렇게 Yes/No로 답할때 대답의 주어는 대명사로 써 주는 것, 꼭 기억하세요!

일반동사 과거형을 이용한 부정문과 의문문에서 꼭 기억해야 할 게 있어요.
바로, 일반동사 과거형의 부정문과 의문문에서 동사는 반드시 동사원형으로 쓴다는 사실!
시험에 잘 나온답니다.

내가 과거라고 말했으니 동사는 가만히 있어도 돼.

I didn't watch TV last night.
동사원형
나는 지난밤에 TV를 보지 않았어.

내가 앞에서 과거라는 걸 알려줬으니 동사까지 과거형으로 쓸 필요 없어!

Did you write a letter?
동사원형
너는 편지를 썼니?

연습문제
문제를 풀고 녹음 파일을 따라 읽고 연습하세요. 🎧 MP3 2권 본문 UNIT 05
정답 및 해석 p. 110

Step 1 괄호 안에서 맞는 것에 ○표 하세요.

01 I ((didn't go) / don't go) to the park yesterday.

02 Did you (say / said) something?
<u>어떤 것</u>

03 She (didn't came / didn't come) to my party.

04 We (read / readed) the note on the desk.
<u>메모, 공지사항</u>

05 Did he (write / writes) novels?
<u>소설</u>

06 You (live / lived) in Busan five years ago.
<u>~ 전에</u>

07 He (didn't said / didn't say) anything.

08 Did she (get / got) the call from her teacher?

09 They (walk / walked) to school last week.

10 He (use / used) the computer.

11 We (move / moved) to this city last year.

12 Did he (learn / learned) Korean at school?

13 She (love / loved) shopping with me.

14 They didn't (worked / work) all night.

15 The dog (jump / jumped) with joy.
신이 나서

16 He (opened / open) the door for his mom.

17 My daughter (sing / sang) a song for me.

18 His mother didn't (make / makes) dinner.

19 Her father (read / reads) the newspaper an hour ago.

20 Jessica (wake up / woke up) late this morning.

Step 2 문장이 맞으면 ○표, 틀리면 ×표 하고 바르게 고쳐 쓰세요.

01 I went to the library yesterday. ⇨ ○ _____

02 Did you finish your work? ⇨ _____

03 They sayed yes. ⇨ _____

04 We walked to the bus stop. ⇨ _____

05 It didn't rains much. ⇨ _____

06 Did it snowed yesterday? ⇨ _____

07 Did you saved a lot of money? ⇨ _____
저축하다   많은

08 Did she go jogging? ⇨ _____
조깅하러 가다

09 He writed an e-mail. ⇨ _____

10 We didn't started our game. ⇨ _____

주어진 단어를 이용해 빈칸에 알맞은 말을 쓰세요. (필요 시 단어의 모양을 바꿀 수 있음)

01 She ___wrote___ a fantastic novel 5 years ago. (write)
환상적인

02 We _____ _____ enough flowers last spring. (not, get)
충분한 봄

03 The tiger _____ to me yesterday. (come)

04 My grandma _____ with us last year. (live)

05 _____ you _____ swimming last week? (go)

06 He _____ _____ newspapers this morning. (not, read)

07 _____ they _____ a birthday song yesterday? (sing)

08 She _____ good-bye an hour ago. (say)

09 They _____ into the forest this morning. (walk)
~ 안으로 숲

10 I _____ _____ TV last night. (not, watch)

중학교 내신 시험에 꼭 나오는 문법 요점 정리 | 일반동사 과거형

● **일반동사의 과거**
- 규칙동사
  대부분의 동사: 동사 뒤에 (① _____)를 붙여 준다.
  -e로 끝나는 동사: (② _____)를 붙여 준다.
- 불규칙동사의 예

현재	과거		현재	과거	
come	(③	)	sing	(⑥	)
go	(④	)	say	(⑦	)
get	(⑤	)	read	(⑧	)

- 일반동사 과거 부정문
  주어에 관계없이 동사 앞에 (⑨ _____)을 붙여 준다. 축약형: (⑩ _____)
- 일반동사 과거 의문문
  주어에 관계없이 문장 맨앞에 (⑪ _____)를 붙여 준다.
- 부정문과 의문문에서의 동사 형태: (⑫ _____)

UNIT 01~05
진단평가 및 교내평가 대비 실전테스트

공부한 날 :　　　　복습한 날 :　　　　부모님 확인 :

UNIT 01 동사를 돕는 조동사 UNIT 02 할 수 있어! can UNIT 03 꼭 해야 해! must UNIT 04 be동사 과거형 UNIT 05 일반동사 과거형

01
다음 [보기]에서 조동사 3개를 골라 쓰세요.

> [보기]　can, study, eat, will, must, run

⇨ _____

02
다음 조동사와 일반동사가 바른 순서로 된 것을 고르세요.

(1) You (must go, go must) there.
(2) I (clean will, will clean) my room.

03
다음 빈칸에 알맞은 be동사 과거형을 쓰세요.

(1) am   – _____
(2) aren't – _____
(3) isn't – _____

[04~07] 다음 그림을 보고, 주어진 단어를 활용하여 부정문을 쓰세요.

04 [She, like, carrots, before]

⇨ _____

05 [We, go, to school, yesterday]

⇨ _____

06 [The dog, eat, pizza, last night]

⇨ _____

07 [My mom, watch, TV, yesterday]

⇨ _____

[08~11] 틀린 부분을 고쳐 문장을 다시 쓰세요.

08

You must does your homework.

⇨ _____

09

She can cooks this soup.

⇨ _____

10

He has to speaks English.

⇨ _____

11

You will are able to play soccer.

⇨ _____

[12~16] 다음 밑줄 친 부분을 줄여서 문장을 다시 쓰세요.

12

I cannot play the piano.

⇨ _____

13

They are not kind to my kids.

⇨ _____

14

I did not wash the dishes.

⇨ _____

15

He was not a scientist.

⇨ _____

16

You were not his friend.

⇨ _____

[17~20] 다음 그림을 보고, 우리말과 뜻이 같도록 빈칸에 알맞은 조동사를 쓰세요.

17

You _____ _____ wash your hands before lunch.
(너는 점심식사 전에 손을 씻어야 해.)

18

He _____ play the guitar.
(그는 기타를 칠 수 있어.)

19

We _____ go to Disney Land.
(우리는 디즈니랜드에 갈 거야.)

20

I _____ write a letter to Dan.
(나는 Dan에게 편지를 써야 해.)

[21~24] 알맞은 be동사 형태를 [보기]에서 골라 다음 문장의 빈칸을 완성하세요.

[보기] am, are, is, was, were

21

I _____ at home yesterday.

22

They _____ in the 4th grade this year.

23

We _____ in the bathroom an hour ago.

24

It _____ dark outside now.

[25~28] 다음 그림을 보고, 질문에 맞는 답을 빈칸에 쓰세요.

25

A: Was she a teacher?

B: No, _____ _____.

26

A: Did the dog like some chocolate?

B: No, _____ _____.

27

A: _____ he play baseball yesterday?

B: Yes, _____ _____.

28

A: Were they sad?

B: No, _____ _____.

[29~30] 다음 해석에 맞게 단어들을 바르게 배열하여 문장을 쓰세요. (단, 동사를 시제에 맞게 바꾸세요.)

29

우리는 어제 영화를 보았다.

(movie / a / watch / We / yesterday).

⇨ _____

30

그녀는 지난 주에 일본에 갔다.

(Japan / go to / last week / She).

⇨ _____

UNIT 06
꾸미고 설명하는 형용사

공부한 날 :   복습한 날 :   부모님 확인 :

명사와 동사, 특히 be동사에게는 '형용사'라는 친구가 있답니다.

나는 형용사!
내가 도와줄게!

뭔가 부족해.

This is a flower.
이것은 꽃이다.

This is a pretty flower.
이것은 예쁜 꽃이다.

그럼, 형용사를 예문과 함께 자세히 살펴볼까요?

☆ 이렇게 명사(사람, 사물, 동물 등)를 꾸며 주거나,
동사와 함께 쓰여 주어를 보충 · 설명해 주는
말이 '형용사'랍니다.

He is tall.
그는 키가 크다.

I am hungry.
나는 배고프다.

형용사+명사

He is a famous singer.
그는 유명한 가수이다.

I like a black dress.
나는 검은 드레스를 좋아한다.

Be동사+형용사

He is handsome.
그는 잘생겼다.

The weather is nice today.
오늘 날씨가 좋다.

형용사는 명사 바로 앞에서 '～한'으로 해석되고, be동사와 함께 쓰이면 '～하다'라고 해석된답니다.
잠깐! 형용사는 꼭 'be동사'만이 아니라 다음과 같은 '감각동사'와도 함께 쓰여요. 감각동사는 보고, 듣고, 느끼는 동사로 look(보이다), feel(느끼다), smell(냄새나다), taste(맛이 나다), sound(들리다)가 있습니다.

형용사에는 어떤 종류가 있는지 자세히 알아볼까요?

(색깔)
His hair is black.
그의 머리는 검은색이다.

(날씨)
The weather is sunny.
날씨가 화창하다.

(상태)
The baby is cute.
아기는 귀엽다.

(맛)
A lemon is sour.
레몬이 시다.

(숫자)
He has two lemons.
그는 레몬을 두 개 갖고 있다.

종류	형용사의 예
상태	beautiful(아름다운), cute(귀여운), famous(유명한), handsome(잘생긴), nice(좋은)
색깔	black(검은), white(흰), blue(파란), red(빨간), yellow(노란), green(녹색의), gray(회색의)
숫자	one(하나), two(둘), three(셋), four(넷), five(다섯)
날씨	sunny(화창한), rainy(비 오는), cloudy(구름 낀), windy(바람 부는), hot(더운), cool(시원한)
맛	sweet(달콤한), sour(신), salty(짠), spicy(양념 맛이 강한), bitter(쓴), hot(매운)

연습문제
문제를 풀고 녹음 파일을 따라 읽고 연습하세요. 🎧 **MP3** 2권 본문 UNIT 06
정답 및 해석 p. 110

초777_2_p6

UNIT 06

Step 1 문장의 형용사에 ○표 하세요.

01 He is (tall).

02 She is a beautiful girl.

03 This is a pretty doll.

04 It sounds good.

05 He has three apples.

06 The bread tastes wonderful.
멋진, 훌륭한

07 I am hungry.

08 You look cute.

09 The weather is cloudy.
구름이 낀

10 She has long hair.

11 Do you have a yellow umbrella?
우산

12 I have a strange feeling.
이상한, 오싹한

13 It is not special.
특별한

14 I saw a tall building.

15 Is it an exciting movie?
흥미진진한

우리말 해석과 같도록 주어진 글자를 이용하여 빈칸에 알맞은 형용사를 쓰세요.

01 She is b<u>eautiful</u>. 그녀는 아름답다.

02 He is h_____. 그는 잘생겼다.

03 The soup smells g_____. 그 수프는 냄새가 좋다.

04 The weather is r_____. 비가 내리는 날씨이다.

05 He has t_____ grapes. 그는 두 개의 포도를 갖고 있다.
포도

06 The baby is c_____. 그 아기는 귀엽다.

07 I have a r_____ car. 나는 빨간 자동차를 갖고 있다.

08 I am t_____. 나는 목이 마르다.

09 I like s_____ weather. 나는 화창한 날씨를 좋아한다.

10 A lemon is y_____. 레몬은 노란색이다.

11 It is c_____ outside. 밖은 춥다.

12 She looks h_____. 그녀는 행복해 보인다.

13 My mother is a f_____ singer. 우리 어머니는 유명한 가수이다.

14 It tastes s_____. 그것은 달콤한 맛이 난다.

Step 3 괄호 안에서 알맞은 단어에 ○표 하세요.

01 I was not (tall / tally) last year. 작년에 나는 키가 크지 않았다.

02 You are (hunger / hungry). 너는 배가 고프다.
배고픔, 허기

03 It sounds (sad / sadly). 그것은 슬프게 들린다.

04 This is a (nice / well) gift for you. 이건 너를 위한 좋은 선물이야.
선물

05 Did you help that (poor / poorly) puppy? 너는 저 불쌍한 강아지를 도왔니?
강아지

06 That looks (easy / easily). 그건 쉬워 보여.

07 I saw a (pretty / prettily) girl. 나는 예쁜 소녀를 보았다.

08 He felt (happily / happy). 그는 행복하다고 느꼈다.

09 I eat (sweet / sweetly) cookies. 나는 달콤한 과자를 먹는다.

10 He was (anger / angry). 그는 화가 났다.
　　　　　　　　화

11 She liked the (ugly / uglily) doll. 그녀는 그 못생긴 인형을 좋아했다.
　　　　　　　　　　못생긴

12 They got (high / height) scores. 그들은 높은 점수를 받았다.
　　　　　　　　　　　높이

13 You slept in the (large / largely) bed. 너는 큰 침대에서 잠을 잤다.

14 The pizza was (spice / spicy). 그 피자는 맛이 강했다.

중학교 내신 시험에 꼭 나오는 문법 요점 정리 | 꾸미고 설명하는 형용사

● **형용사**

　• **형용사의 역할**

　1) (①　　　　　　　　　)를 꾸며 준다.

　2) 동사와 함께 쓰여 주어를 보충 · 설명해 준다.

　• **함께 쓰이는 동사:** be동사, (②　　　　　　　)

　• **감각동사의 예**

보이다	느끼다	냄새나다	맛이 나다	들리다
look	feel	(③　　　　　)	(④　　　　　)	(⑤　　　　　)

　• **형용사의 예**

상태	beautiful(아름다운), cute(귀여운), (⑥　　　　　　)(유명한), handsome(잘생긴), nice(좋은)
색깔	black(검은), white(흰), blue(파란), red(빨간), yellow(노란), green(녹색의), (⑦　　　　　)(회색의)
숫자	one(하나), two(둘), three(셋), four(넷), five(다섯)
날씨	sunny(화창한), rainy(비 오는), (⑧　　　　　)(구름 낀), windy(바람 부는), hot(더운), cool(시원한)
맛	sweet(달콤한), (⑨　　　　)(신), salty(짠), spicy(양념 맛이 강한), bitter(쓴), hot(매운)

① 명사 ② 감각동사 ③ smell ④ taste ⑤ sound ⑥ famous ⑦ gray ⑧ cloudy ⑨ sour

UNIT 07
꾸미기 대장, 부사

공부한 날 :　　　　　복습한 날 :　　　　　부모님 확인 :

꾸며 주기를 담당하는 것은 형용사 뿐이 아니랍니다.

부사는 동사, 형용사, 다른 부사 또는 문장 전체를 더 자세하게 꾸며 줍니다.

대부분의 부사는 형용사 뒤에 -ly를 붙여서 만들어요!

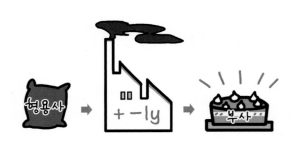

Mary danced.
Mary는 춤을 췄다.

Mary danced happily.
Mary는 즐겁게 춤을 췄다.

하지만 모든 부사가 형용사 뒤에 -ly를 붙인 형태는 아니랍니다.

다른 형태를 가진 부사에 대해 알아볼까요?

부사에는 형용사와 형태가 같은 부사도 있고, 형태가 아예 다른 부사도 있답니다. 이런 부사들은 따로 외워야 해요! 이러한 단어 대부분이 형용사나 부사일 때 그 기본 의미는 그대로 유지합니다. 단, hard는 그 뜻이 달라져요.

hard ⓗ 단단한, 어려운, 열심히 하는
　　　 ⓑ 열심히

부사 중에는 일이 벌어지는 횟수를 나타내는 '빈도부사'라는 것도 있답니다.

'항상'을 뜻하는 **always**부터 '전혀 ~ 아니다'를 나타내는 **never**까지 빈도에 따라 다르게 쓰여요.

always
항상

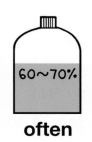

usually
보통

often
자주, 종종

sometimes
가끔, 때때로

seldom
거의 ~ 아니다

never
전혀 ~ 아니다

그렇다면 문장에서 빈도부사의 위치는 어디일까요?
빈도부사는 be동사 뒤! 그리고 일반동사 앞에 쓰인답니다.
시험에 단골로 나오니 꼭 알아두세요!

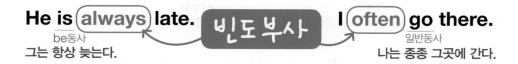

He is (always) late.
be동사
그는 항상 늦는다.

빈도부사

I (often) go there.
일반동사
나는 종종 그곳에 간다.

연습문제 | 문제를 풀고 녹음 파일을 따라 읽고 연습하세요. 🎧 MP3 2권 본문 UNIT 07
정답 및 해석 p. 110

초777_2_p7

Step 1 문장의 부사에 ○표 하세요.

01	Mary danced (happily).	02	Ann spoke angrily.
03	Bill climbed carefully. 오르다, 올라가다	04	Turtles walk slowly. 거북
05	The car runs fast.	06	He speaks English well.
07	She went outside.	08	He always comes to school.
09	I often go fishing with him.	10	I am never happy.
11	I tried to talk nicely. try to ~하려고 노력하다	12	She arrived at home safely. 안전하게
13	I gladly did it.	14	He sometimes fights with friends.

Step 2 우리말 해석과 같도록 문장에 알맞는 부사를 골라 ○표 하세요.

01　I jumped ((high) / highly). 나는 높이 점프했다.

02　He studies (hard / hardly). 그는 열심히 공부한다.

03　He is (always / often) kind. 그는 항상 친절하다.

04　She shouted (angry / angrily). 그녀는 화를 내며 소리쳤다.
　　소리치다

05　He (often / never) goes hiking. 그는 종종 하이킹을 간다.

06 I go to bed (late / <u>lately</u>). 나는 늦게 자러 간다.
최근에

07 He goes to sleep (early / earlily). 그는 일찍 잠을 잔다.

08 He (always / never) goes to school alone. 그는 항상 학교에 혼자 간다.

09 Minho speaks Chinese (well / good). 민호는 중국어를 잘 한다.

10 Ann walks (carefully / careful). Ann은 조심스럽게 걷는다.

11 She runs (slow / slowly). 그녀는 천천히 뛴다.

12 I am (seldom / never) angry at people. 나는 사람들에게 거의 화를 내지 않는다.

13 He came to me (quick / quickly). 그는 나에게 빨리 왔다.

14 You listen to music (quiet / loudly). 너는 음악을 크게 듣는다.

15 They (sometimes / usually) act badly. 그들은 가끔 나쁘게 행동한다.
행동하다 나쁘게

Step 3 문장의 ①~④ 중 괄호 안의 빈도부사가 들어갈 위치를 고르세요.

01   ① The sky ② is ③ gray ④.   (sometimes)

02   ① They ② are ③ careful ④.   (always)

03   ① Jessica ② watches ③ TV ④ at 7:30.   (sometimes)

04   ① We ② write ③ a diary ④.   (seldom)
일기

05   ① I ② download ③ music files ④.   (often)
내려받다

06   ① Paul ② goes ③ hiking ④ with his father.   (always)

07   ① She ② enjoys ③ cooking ④.   (often)
즐기다, 좋아하다

08   ① It ② snows ③ in December ④.   (never)

09   ① He ② is ③ smart ④ and funny.   (usually)
똑똑한

10   ① My older sister ② is ③ busy ④.   (seldom)
나이가 더 많은

Step 4   형용사를 부사로 고치세요.

01	strong	⇨ _strongly_	02	bad	⇨ _____
03	kind	⇨ _____	04	surprising 놀라운	⇨ _____
05	fast	⇨ _____	06	great	⇨ _____
07	quiet	⇨ _____	08	good	⇨ _____
09	special	⇨ _____	10	wise 현명한	⇨ _____
11	early	⇨ _____	12	beautiful	⇨ _____
13	weak 약한	⇨ _____	14	short	⇨ _____
15	wide 넓은	⇨ _____	16	careful 조심스러운	⇨ _____
17	nice	⇨ _____	18	close	⇨ _____

중학교 내신 시험에 꼭 나오는 문법 요점 정리 | 꾸미기 대장, 부사

● **부사의 형태**
  • 대부분의 부사: 형용사 뒤에 (①   )를 붙여 준다.
  • 형용사와 형태가 같은 부사
  예) fast 빠른 / 빠르게
      (②   ) 늦은 / 늦게
      (③   ) 높은 / 높게
  • 형용사와 형태가 완전히 다른 부사
  예) good 좋은 – (④   ) 좋게, 잘

● **빈도부사**

항상	보통	자주, 종종	가끔, 때때로	거의 ~ 아니다	전혀 ~ 아니다
100%	80%	60~70%	40~50%	10~20%	0%
(⑤)	(⑥)	often	(⑦)	seldom	(⑧)

● **빈도부사의 위치**
  • be동사 (⑨   ), 일반동사 (⑩   )

① -ly ② late ③ high ④ well ⑤ always ⑥ usually ⑦ sometimes ⑧ never ⑨ 뒤 ⑩ 앞

UNIT 08
'해라!' 명령문

공부한 날 :　　　　복습한 날 :　　　　부모님 확인 :

우리 주변에서 볼 수 있는 많은 표지판들부터 '밥 먹어라!',
'양치질해라!', '방 좀 치워라!' 날마다 듣는 엄마의 잔소리까지……
이런 것들이 모두 다 명령문에 속해요.
명령문이란 누군가에게 무엇을 시키는 문장이에요.
명령문이 어떤 건지 감 잡았으니 이제 자세히 배워 봐요.

명령문을 만들기 전에
먼저 생각해 볼 게 있어요.
'~해라'라고 무언가를 시키려면
명령을 받는 사람이 내 앞에 있어야겠죠?
그래서 명령문은 내 앞에 있는
You(너, 당신)에게 쓰는 거랍니다.

You turn off the TV.
너 TV 좀 꺼라.

You turn on the light.
너 불 좀 켜라.

그래서 명령문에서는 You를 생략한답니다. You가 없어도 누구한테 말하는 문장인지 알 수 있으니까
요. 그렇기 때문에 명령문은 동사로 시작하고, 동사는 항상 '동사원형'으로만 써요. 명령문의 예를 몇 개
더 살펴볼까요?

You are quiet.
⬇
Be quiet.
조용히 해.

You sit down.
⬇
Sit down.
앉아.

You come here.
⬇
Come here.
이리 와.

You are careful.
⬇
Be careful.
조심해.

명령문을 시작하는 동사를 쓸 때는 be동사도 잊지 말고 꼭 동사원형인 be로 써야 합니다!

동사원형으로 →

Are careful. (X)
↓
Be careful. (O)

그런데 이렇게 '조용히 해.' '앉아.' '이리 와.'라고 말하면 뭔가 무서운 느낌이 들지 않나요?
명령문을 쓰면서도 듣는 사람의 기분이 나쁘지 않게 하려면 공손한 느낌이 들도록 please를 붙여
주면 돼요.

| Please stand up.
일어나세요. | Stand up, please.
일어나세요. |

please는 명령문의 앞에 올 수도 있고, 뒤에 쓸 수도 있어요.
please를 붙이지 않더라도 명령문은 어떤 목소리로,
어떤 표정으로 말하는 지가 아주 중요하답니다!

Come here!

Come here!

연습문제

문제를 풀고 녹음 파일을 따라 읽고 연습하세요. 🎧 **MP3** 2권 본문 UNIT 08
정답 및 해석 p. 110

초777_2_p8

Step 1 올바른 명령문에 ○표 하세요.

01 (Wake up.)

02 Please turned up the volume.
   turn up (소리 등을) 높이다

03 Give me sugar, please.

04 Read this book, please.

05 Are kind to old people.

06 Be a good student.

07 Please shut the door.
   닫다

08 Told me the truth.
   사실, 진실

09 Play outside, please.

10 Please says my name.

11 Goes to bed right now.

12 Please be home early.
   집에 오다

13 Kept the door open.
   keep ~한 상태로 두다

14 Bring an umbrella, please.
   가져오다

15 Wrote some nice words.

16 Tell me an interesting story.
   재미있는

17 Empty the trash can.

18 Trusts your friends.
   믿다, 신뢰하다

19 Please sing a song.

20 Being afraid of the night.
   be afraid of ~을 무서워하다

Step 2 문장을 명령문으로 바꾸고 뜻을 쓰세요.

01 You are honest.
정직한
⇨ Be honest. 정직해라.

02 You watch the movie.
⇨ _____

03 You water the plants every day.
⇨ _____

04 You come here right now.
⇨ _____

05 You clean your room.
⇨ _____

06 You are strong.
강한
⇨ _____

07 You study English hard.
⇨ _____

08 You come here on time.
정시에
⇨ _____

09 You run fast.
⇨ _____

10 You go to bed early.
⇨ _____

11 You turn off the alarm clock.
알람 시계
⇨ _____

12 You take a shower.
샤워를 하다
⇨ _____

Step 3 우리말 해석과 같도록 단어를 활용하여 명령문을 완성하세요.

01 설거지를 해주세요. (wash, dishes, the, please).
⇨ Wash the dishes, please. / Please wash the dishes.

02 내 전화에 답해라. (my, answer, phone call).
_{통화}
⇨ _____

03 하루에 책 한 권을 읽어라. (a book, read, a day).
_{하루에}
⇨ _____

04 숙제를 끝내라. (homework, your, finish).
_{~을 마치다}
⇨ _____

05 가방을 바닥에 놓으세요. (please, your, put, bag, on the floor).
_{바닥}
⇨ _____

06 여동생을 데려가라. (with you, your sister, take).
⇨ _____

07 친구랑 손을 잡으세요. (hold, please, hands, with your friend).
_{잡다}
⇨ _____

08 이 음악을 들어보세요. (this music, please, listen to).
⇨ _____

09 사진 좀 찍어 주세요. (please, take, a picture).
⇨ _____

10 외투를 입으세요. (wear, please, a coat).
⇨ _____

중학교 내신 시험에 꼭 나오는 문법 요점 정리 | '해라!' 명령문

● 명령문
  • 주어 (① _____)를 생략하고 동사로 시작
  • 동사는 무조건 (② _____)으로 통일
  • am, are, is ⇨ (③ _____)로 바꾸기
  • 공손한 표현을 하려면 문장의 앞 또는 뒤에 (④ _____)를 붙여 준다.

① You ② 동사원형 ③ be ④ please

UNIT 09
'하지 마!' 부정 명령문

공부한 날 :   복습한 날 :   부모님 확인 :

앞에서 배운 명령문은 '~해라'의 뜻을 가진 긍정 명령문이었어요. 반대로 '늦지 마라.', '거짓말하지 마라.', '친구를 괴롭히지 마라.' 이렇게 '~하지 마라'의 뜻을 가진 부정 명령문은 어떻게 하면 될까요? 부정문을 만들 때 자주 등장했던 not을 가지고 부정 명령문을 만드는 방법을 알아보도록 해요.

긍정 명령문 앞에 Do not 또는 줄여서 Don't만 딱 붙여 주면 부정 명령문이 됩니다. 일반동사이든 be동사이든 방법도 똑같아요.

절대 Not 혼자 쓰지 않도록 주의해야 해!

Not go out late at night. (X)
Do not go out late at night. (O)
         ↓
      Don't

다양한 부정 명령문 예문을 보며 부정 명령문 만드는 법을 익혀 보아요.

Don't lose your bag.
네 가방 잃어버리지 마.

Don't turn off the light.
불 끄지 마.

Don't open your eyes.
눈 뜨지 마.

Don't run.
뛰지 마.

Don't follow me.
날 따라오지 마.

Don't play the piano at night.
밤에 피아노 치지 마.

부정 명령문을 만들 때 부정의 의미를 더 강하게 하고 싶으면 Don't 대신에 '절대 ~ 아니다'의 뜻을 가진 never를 쓸 수도 있어요.

Don't lie to me. 나에게 거짓말하지 마.
Never lie to me. 나에게 절대 거짓말하지 마.

하지만 Don't와 Never를
함께 쓸 수는 없답니다.
둘 중에 하나만 쓰도록 해요.

> **Don't never be late.** (X)
> **Don't be late.** 늦지 마. (O)
> **Never be late.** 절대 늦지 마. (O)

연습문제 | 문제를 풀고 녹음 파일을 따라 읽고 연습하세요. 🎧 MP3 2권 본문 UNIT 09
정답 및 해석 p. 110

초777_2_p9

Step 1 긍정 명령문은 부정 명령문으로, 부정 명령문은 긍정 명령문으로 바꾸세요.

01 Don't turn on the TV. ⇨ Turn on the TV.

02 Don't keep the secret. ⇨ _____
비밀

03 Write an e-mail. ⇨ _____

04 Sit on the table. ⇨ _____

05 Enter the room. ⇨ _____

06 Don't fasten your seat belt. ⇨ _____
매다

07 Don't be like your father. ⇨ _____

08 Help me now. ⇨ _____

09 Don't fill the vase. ⇨ _____
꽃병

10 Finish your homework. ⇨ _____

11 Don't be proud of yourself. ⇨ _____
~을 자랑스러워하다   네 자신

12 Go out now. ⇨ _____

13 Be a strong person. ⇨ _____

14 Don't read a book at lunchtime. ⇨ _____

15 Waste water and energy. ⇨ _____
낭비하다

UNIT 09
09

16 Don't use this computer. ⇨ _____

17 Lose the soccer game. ⇨ _____
<u>(경기에서) 지다</u>

18 Don't enjoy your vacation. ⇨ _____

19 Never pay for your bill. ⇨ _____
<u>지불하다</u> <u>계산서</u>

20 <u>Copy</u> your friend's essay. ⇨ _____
베끼다,
복사하다

Step 2 괄호 안의 지시에 따라 문장을 고쳐 쓰세요.

01 You are kind to everybody. (명령문으로) ⇨ Be kind to everybody.

02 You steal money. (부정 명령문으로) ⇨ _____
<u>훔치다</u>

03 You sweep the floor. (명령문으로) ⇨ _____
<u>(빗자루로) 쓸다</u>

04 Don't <u>touch</u> the <u>dish</u>. (부정 의미를 강조) ⇨ _____
만지다 접시, 음식

05 Follow <u>strangers</u>. (부정 명령문으로) ⇨ _____
모르는 사람

06 You hide <u>behind</u> the wall. (명령문으로) ⇨ _____
~ 뒤에

07 Don't <u>mess up</u> your room. (부정 의미를 강조) ⇨ _____
엉망으로 만들다

08 Turn off the computer. (부정 명령문으로) ⇨ _____

09 <u>Charge</u> your <u>battery</u>. (부정 명령문으로) ⇨ _____
충전하다 건전지

10 Don't stop playing games. (긍정 명령문으로) ⇨ _____

11 You take care of the <u>kitten</u>. (부정 명령문으로) ⇨ _____
새끼 고양이

12 Don't eat the cake. (긍정 명령문으로) ⇨ _____

13 Don't play the cello at night. (긍정 명령문으로) ⇨ _____

14 Read a <u>comic book</u> in class. (부정 명령문으로) ⇨ _____
만화책

15 Don't be <u>lazy</u>. (부정 의미를 강조) ⇨ _____
게으른

Step 3 밑줄 친 부분이 맞으면 ○표, 틀리면 ×표 하고 바르게 고쳐 쓰세요.

01 <u>Be not</u> a weak person. ⇨ X, Don't[Do not] be

02 <u>Don't never stop</u> at the corner. ⇨ _____
모퉁이

03 <u>Do</u> good things. ⇨ _____

04 <u>Don't worry</u> about the exams. ⇨ _____
~에 대해 걱정하다

05 <u>Joins</u> the movie club. ⇨ _____
가입하다

06 <u>Never look back</u>. ⇨ _____
뒤돌아보다

07 <u>Open</u> the window during the day. ⇨ _____
낮 동안에

08 <u>Don't catches</u> birds. ⇨ _____

09 <u>Never sit</u> on the dirty floor. ⇨ _____

10 <u>Don't burn</u> paper at home. ⇨ _____
(불로) 태우다

11 <u>Please pass</u> the test. ⇨ _____

12 <u>Do not meet</u> strangers. ⇨ _____

13 <u>Stands up</u> right now. ⇨ _____

14 <u>Never drank</u> too much water. ⇨ _____

15 <u>Don't break</u> the <u>promise</u>. ⇨ _____
어기다, 깨다   약속

중학교 내신 시험에 꼭 나오는 문법 요점 정리 | '하지 마!' 부정 명령문

● **부정 명령문**

  • 명령문 앞에 (① _____)만 붙여 주면 완성

  • 부정의 의미를 강조하기 위해 (② _____) 사용 가능

  • (③ _____)와 (④ _____) 중 하나만 선택해서 사용

① Don't[Do not] ② Never ③ Don't[Do not] ④ Never

UNIT 09 / '하지 마' 부정 명령문 **41**

UNIT 10
'함께 해' 청유문

공부한 날 :   복습한 날 :   부모님 확인 :

'청유문'은 다른 사람에게 무언가를 권하거나 요청할 때 쓰는 문장이에요.
'집에 가자!', '과자 사 먹자!', '숙제 하자!'와 같이 무엇을
함께 하자고 말하는 것이죠.
청유문만 제대로 잘 쓰면 친구들과 더 친해질 것 같은 느낌이 들죠?
그럼, 이 청유문 만드는 법을 알아볼까요?

청유문은 우리가 배운 명령문 앞에 Let's만 붙여 주면 돼요! 정말 쉽죠?

Let's play soccer.
축구하자.

Let's take a picture.
사진 찍자.

Let's eat a hamburger.
햄버거 먹자.

반대로 '~하지 말자'라고 말해야 할 때도 있어요.
이때는 명령문 앞에 Let's not을 붙여 주면 됩니다.
그러니까, Let's 다음에 not을 붙이는 거죠.

Let's not see it.
그거 보지 말자.

Let's not sleep.
자지 말자.

Let's 뒤에는 꼭 동사원형을 쓰는 것, 잊지 마세요!

간단한 영어 문장에서 시작해 부정문, 의문문, 명령문에 이제 청유문까지!!!
이제 영어로 못하는 말이 없겠는데요? 청유문을 완벽하게 배웠나 문제를 풀러 가 볼까요? Let's go!

Step 1 맞는 문장은 ○표, 틀린 문장은 ×표 하고 문장을 고쳐서 다시 쓰세요.

01 Let's asking Mr. Smith. ⇨ X, Let's ask Mr. Smith.

02 Let's put the <u>laundry</u> in the basket. ⇨ _____
세탁물

03 Let's not took <u>someone else's</u> umbrella. ⇨ _____
다른 사람

04 Let's began a class. ⇨ _____

05 Let's not break a cup. ⇨ _____

06 Let's builds a house. ⇨ _____

07 Let's not be busy. ⇨ _____

08 Let's <u>carrying</u> the boxes. ⇨ _____
운반하다, 나르다

09 Let's <u>count to</u> ten. ⇨ _____
~까지 세다

10 Let's not being late. ⇨ _____

11 Let's play soccer. ⇨ _____

12 Lets help her. ⇨ _____

13 Let's <u>plant</u> the flowers. ⇨ _____
심다

14 Let study science. ⇨ _____

15 Let's don't fill the bottle. ⇨ _____

16 Let's ride a bicycle. ⇨ _____

17 Let's watching the movie. ⇨ _____

18 Let's smile. ⇨ _____

19 Let's not listens to him. ⇨ _____

20 Let's have lunch. ⇨ _____

Step 2 주어진 단어를 이용하여 청유문을 완성하세요.

01 watch, today, the TV program

⇨ Let's watch the TV program today.

02 climb, a mountain

⇨ _____

03 be afraid of, not, failure
실패

⇨ _____

04 do, our homework

⇨ _____

05 buy, some flowers

⇨ _____

06 not, leave, home

⇨ _____

07 not, the news, tell

⇨ _____

08 go to, the living room
거실

⇨ _____

09 find out, the answer

⇨ _____

10 go, hiking, on Saturday

⇨ _____

11 leave, this, room

⇨ _____

12 learn, with me, German
독일어

⇨ _____

13 borrow, the books

⇨ _____

14 make, plans, for the weekend
주말

⇨ _____

15 speak to, Mr. Kim

⇨ _____

16 sleep, at 9 o'clock

⇨ _____

17 build, our, town

⇨ _____

18 not, read, the comment
논평, 의견

⇨ _____

19 meet, famous, people

⇨ _____

20 think about, it, one more time
한 번 더

⇨ _____

Step 3 명령문에는 '명', 청유문에는 '청'이라고 쓰세요.

01 Let's blow the whistle.
불다   호루라기
⇨ _청_____

02 Don't bite the fingernails.
물어뜯다   손톱
⇨ _____

03 Let's fight for our country.
나라, 국가
⇨ _____

04 Let's stay here.
⇨ _____

05 Hold the door for her.
⇨ _____

06 Let's not run in the hallway.
복도
⇨ _____

07 Sell the clothes for 10 dollars.
~을 팔다
⇨ _____

08 Don't burn the house.
⇨ _____

09 Please hear my words.
⇨ _____

10 Let's have a party.
⇨ _____

11 Don't begin your speech.
연설
⇨ _____

12 Let's enjoy this moment.
순간
⇨ _____

13 Don't spread bad rumors.
퍼뜨리다   소문
⇨ _____

14 Please teach me English.
⇨ _____

15 Let's try other ways.
방법, 길
⇨ _____

UNIT
10

중학교 내신 시험에 꼭 나오는 문법 요점 정리 | '함께 해' 청유문

● 권유하는 문장, 청유문
  · 청유문이란?
    권유나 요청을 하는 문장으로, '(①   )'라고 해석

  · 청유문의 형태
    (②   ) + 동사원형

  · 청유문의 부정형
    (③   ) + 동사원형

① ~하자 ② Let's ③ Let's not

UNIT 06~10
진단평가 및 교내평가 대비 실전테스트

공부한 날 :　　　　　복습한 날 :　　　　　부모님 확인 :

UNIT 06 꾸미고 설명하는 형용사　UNIT 07 꾸미기 대장, 부사　UNIT 08 '해라!' 명령문　UNIT 09 '하지 마!' 부정 명령문　UNIT 10 '함께 해' 청유문

01

다음 단어를 소문자로 바르게 쓴 것을 고르세요.

> FAMOUS

① pamous　　　　② famouz
③ femous　　　　④ famous

02

다음 표의 빈칸에 [보기]의 단어를 알맞게 분류해서 쓰세요.

> [보기]　always　good　rainy
> well　happily

형용사	부사

03

우리말과 같도록 빈칸에 알맞은 말을 쓰세요.

_____ play the piano at night.
(밤에 피아노를 치지 말아라.)

04

그림과 단어가 서로 맞지 <u>않은</u> 것을 고르세요.

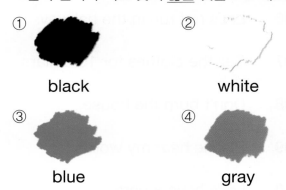

①　black　　　　②　white

③　blue　　　　④　gray

05

다음 빈칸에 들어갈 알맞은 알파벳을 고르세요.

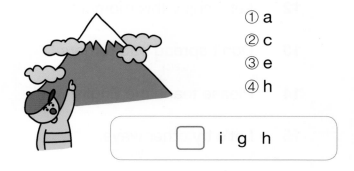

① a
② c
③ e
④ h

> ☐ i g h

06

다음 그림에 맞게 주어진 글자로 시작하는 단어를 빈칸에 쓰세요.

D_____ w_____ TV.

07

다음 대화의 빈칸에 알맞은 말을 고르세요.

> A: How's the weather today?
> B: It's sunny and cool.
> A: Wow! _____ play soccer.

① Do
② Don't
③ Let's
④ Can

08

다음 중 도서관에서 지켜야 할 규칙들로 적합한 것
두 개를 고르세요.

① Don't run.
② Don't be late.
③ Don't open your eyes.
④ Don't use your cell phone.

[09~10] 다음 빈칸에 공통으로 들어갈 말을 쓰세
요.

09 _____

A: _____ play baseball.

B: Sounds good! _____ have
lunch first.

10 _____

A: _____ forget Mother's birthday!

B: Of course not. This is my present for
her.

A: Wow! What is it?

B: It's a secret. _____ touch the
present.

[11~12] 그림을 보고, 우리말과 뜻이 같도록 빈칸
에 알맞은 형용사를 쓰세요.

11

She is _____.
(그녀는 아름답다.)

12

She is _____.
(그녀는 키가 크다.)

[13~14] 다음 글자들을 배열하여 주어진 우리말
과 같은 뜻의 단어를 만들 때, 필요 <u>없는</u> 글자를 빈
칸에 쓰세요.

13

S R O L
L W Y

> 느리게

_____

14

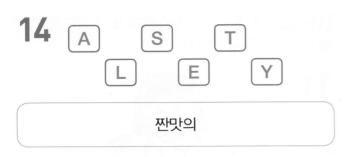

```
A   S   T
  L   E   Y
```

짠맛의

_____

[15~16] 다음 그림을 참고하여, 명령문을 완성하세요.

15

_____ close the door.
(문을 닫아 주세요.)

16

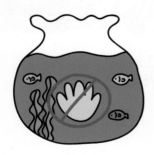

_____ touch the fish.
(물고기를 절대 만지지 마시오.)

[17~18] 다음 빈칸을 채워 그림에 맞는 단어를 완성하세요.

17

s p i ☐ y

18

s o ☐ r

19

다음 그림을 보고, 빈칸에 들어갈 알맞은 단어를 고르세요.

A: Do you know her?
B: Yes, I do. She is our English
    teacher. She is very _____.

① kind   ② angrily
③ happily   ④ carefully

20

다음 중 요청하는 문장을 고르세요.

① She has long hair.
② Let's take a walk.
③ You look cute.
④ Don't lie to me.

[21~25] 다음 우리말과 해석이 같도록 빈칸에 알맞은 빈도부사를 쓰세요.

21

He s_____ smiles.
(그는 거의 웃지 않는다.)

22

I a_____ smile.
(나는 항상 웃는다.)

23

She n_____ smiles.
(그녀는 절대 웃지 않는다.)

24

You s_____ smile.
(너는 가끔 웃는다.)

25

They o_____ smile.
(그들은 종종 웃는다.)

26

다음 그림의 상황에 맞게 빈칸에 들어갈 알맞은 말을 [보기]에서 골라 쓰세요.

[보기] bitter, nice, do, take, look

A: The weather is _____.

B: Yeah! Let's _____ a picture in the park.

[27~28] 다음 문장을 바르게 고쳐 다시 쓰세요. (단, 주어는 바꾸지 마세요.)

27 (명령문으로)

Are a nice person.

_____

28 (청유문으로)

Let's eats Japanese food.

_____

[29~30] 다음 단어들을 순서에 맞게 배열하여 문장을 완성하세요.

29

(your / lose / Don't / bag).

⇨ _____

30

(not / it / see / Let's).

⇨ _____

숫자 나타내기
(기수와 서수, 전화번호, 분수와 소수)

공부한 날 :   복습한 날 :   부모님 확인 :

우리는 일상생활에서 다양한 숫자와 마주칩니다.
예를 들면 전화번호, 분수와 소수 등이 있겠죠?
이런 것들을 영어로 어떻게 표현하는지 알아봅시다.

02) 3291-4321

4월 1일

$\dfrac{3}{4}$

기수와 서수

기수는 '개수'를 나타내는 수고, 서수는 '순서'를 나타내는 수입니다.

기수	● one 하나	●● two 둘	●●● three 셋	⋯
서수	first 첫 번째	second 두 번째	third 세 번째	⋯

기수는 다들 알고 있겠죠? 서수는 우리가 알고 있는 기수에 -th를 붙이면 됩니다.

	기수	서수		기수	서수
1	one	first (1st)*	11	eleven	eleventh (11th)
2	two	second (2nd)*	12	twelve	twelfth (12th)*
3	three	third (3rd)*	13	thirteen	thirteenth (13th)
4	four	fourth (4th)	20	twenty	twentieth (20th)*
5	five	fifth (5th)*	21	twenty-one	twenty-first (21st)*
6	six	sixth (6th)	22	twenty-two	twenty-second (22nd)*
7	seven	seventh (7th)	23	twenty-three	twenty-third (23rd)*
8	eight	eighth (8th)*	30	thirty	thirtieth (30th)*
9	nine	ninth (9th)*	40	forty	fortieth (40th)*
10	ten	tenth (10th)	100	one hundred	one hundredth (100th)

위 표에서 *표시한 것들은 서수를 만드는 방법이 나머지와 달라요. 예를 들어 third처럼 불규칙적으로 바뀌기도 하고, 20, 30, 40⋯과 같이 -ty로 끝나면 -y를 -ie로 바꿔 -th를 붙입니다. 헷갈릴 수 있으니 잘 기억해 두세요.

전화번호

전화번호는 크게 두 가지 경우로 말해요.

첫째, 지역 번호를 붙이지 않는 경우
둘째, 지역 번호를 붙이는 경우

1234-5678

one two hundred thirty four
five six hundred seventy eight (X)

one two three four,
five six seven eight (O)

하지만 어떤 경우든지
전화번호는 반드시 한 자리씩 기수로 읽어야 합니다!

첫째, 지역 번호를 붙이지 않는 경우

숫자 0은 o라고 쓰고 [ou]로 읽는 것이 보통이지만, zero라고 쓰고 [zirou]라고도 읽기도 합니다.
또, 같은 숫자가 나란히 연달아 나오는 경우에는 「double + 숫자」의 형태로 말하기도 합니다.

1023-4566 ▶ **one o[zero] two three, four five six six**
▶ **one o[zero] two three, four five double six**

둘째, 지역 번호를 붙이는 경우

지역 번호를 붙일 때는 숫자 앞에 area code라고 말한 뒤 지역 번호를 말합니다. 이때 0이 맨 앞에
올 경우에는 zero[zirou]라고 읽습니다. 이렇게 번호 맨 앞에 숫자 0이 오는 것은 휴대전화도 마찬
가지인데요, 이때 0도 zero[zirou]로 읽습니다.

(02) 426 - 5743
area code zero two, four two six, five seven four three

010 - 1234 - 5678
zero one zero, one two three four, five six seven eight

분수와 소수

분수: 분자는 '기수'로, 분모는 '서수'로 읽습니다.
우리나라와 달리 영어에서는
분자를 먼저 말하고 나서 분모를 말한답니다.
여기서 중요한 것은 분자가 2 이상일 때에는
무조건 분모에 -s를 붙여야 한다는 거에요.

한국어 — 분자↙ 기수
3분의 2 $\frac{2}{3}$
분모↗ 서수

English
two-thirds

소수: 소수점 앞부분은 '기수'로 읽고,
소수점 뒤는 전화번호처럼
'하나씩' 차례대로 끊어서 '기수'로 읽습니다.
소수점은 'point(포인트)'라고 읽고,
소수에서 숫자 0은 zero[zirou]라고 읽습니다.

10.01
ten / zero one
point

1.01
one / zero one
point

0.01
zero
(읽지 않아 / zero one
도 됩니다) point

연습문제

초777_2_p11

Step 1 숫자를 영어로 표현한 것 중 바른 것을 골라 ○표 하세요.

01 1(서수로) ⇨ (oneth, (first))

02 $\dfrac{4}{5}$ ⇨ (fourth-fifths, four-fifths)

03 3.14 ⇨ (three point one four, three one four)

04 0.01 ⇨ (o point o one, zero point zero one)

05 02) 760-8054 ⇨ (area code zero two, seven six o, eight o five four,
area code o two, six seven zero, eight o five four)

06 8(서수로) ⇨ (eightth, eighth)

07 5.01 ⇨ (five o one, five point zero one)

08 20(서수로) ⇨ (twentyth, twentieth)

09 72(서수로) ⇨ (seventy-second, seventieth-two)

10 200-4352 ⇨ (two hundred, four three five two,
two double zero, four three five two)

11 $\dfrac{1}{3}$ ⇨ (one-thirds, one-third)

Step 2 밑줄 친 부분을 바르게 고치세요.

01 nine → <u>nineth</u> ⇨ *ninth*

02 five → <u>fiveth</u> ⇨ _____

03 $\dfrac{2}{7}$ → <u>sevenths-second</u> ⇨ _____

04 $\dfrac{3}{5}$ → <u>three-five</u> ⇨ _____

05 1.01 → <u>one point one</u> ⇨ _____

06 010-9876-5432 → <u>o one o, ninety-eight seven six, five four three two</u>

⇨ _____

Step 3 숫자를 영어로 바르게 쓰세요.

01 2.13 ⇨ two point one three

02 010-8672-8662 ⇨ _____

03 $\dfrac{4}{6}$ ⇨ _____

04 0.2 ⇨ _____

05 031) 232-4263 ⇨ _____

06 3.52 ⇨ _____

07 7.83 ⇨ _____

08 $\dfrac{5}{7}$ ⇨ _____

09 362-5523 ⇨ _____

중학교 내신 시험에 꼭 나오는 문법 요점 정리 | 숫자 나타내기

● **기수와 서수**

1	one	(①)		8	eight	(③)	
2	two	second (2nd)		9	nine	ninth (9th)	
3	three	(②)		20	twenty	(④)	

● **전화번호** – 전화번호는 하나씩 끊어서 읽는다.

 • **지역 번호를 붙이지 않는 경우:** 숫자 0은 보통 (⑤   )라고 쓰고 [ou]로 읽지만 zero라고 쓰고 [zirou]로 읽기도 한다. 같은 숫자가 두 개 연이어 나오는 경우에는 「double + 숫자」로도 읽는다.

 • **지역 번호를 붙이는 경우:** 지역 번호는 영어로 (⑥   )라고 한다.

   숫자 0이 제일 앞에 올 경우 (⑦   )라고 읽는다.

   휴대전화 앞자리의 숫자 0도 (⑧   )라고 읽는다.

● **분수**

 분자는 기수, 분모는 서수로 읽는다. (⑨   )보다 (⑩   )를 먼저 말한다.

 분자가 2 이상일 때는 반드시 (⑪   )에 -s를 붙여야 한다.

● **소수**

 소수점 앞부분은 기수로 읽고, 소수점 뒤는 하나씩 끊어 읽는다.

 소수점은 (⑫   ), 소수에서 숫자 0은 (⑬   )라고 읽는다.

① first(1st) ② third(3rd) ③ eighth(8th) ④ twentieth(20th) ⑤ o ⑥ area code ⑦ zero ⑧ zero ⑨ 분모 ⑩ 분자 ⑪ 분모 ⑫ point ⑬ zero

UNIT 12
비인칭주어 it

'It is a book.' 이 문장은
'그것은 책이다.'라고 해석하죠?
그럼, 'It is 9 o'clock.'은 어떻게 해석할까요?
o'clock은 '정각'이라는 뜻이니 '그것은 9시 정각
이다.' 라고 해석하면, 문장이 어색하지요?

It is a book.
그것은 책이다.

It is 9 o'clock.
9시 정각이다.

it을 '그것'이라고 해석했기 때문이에요.
it의 뜻을 빼고 해석을 해 봐요. '9시 정각이다.'라고 하니 훨씬 자연스럽죠?

첫 번째 문장의 it과 두 번째 문장의 it은 모양은 같지만 서로 다른 it이예요.
첫 번째 문장의 it은 우리가 배운 대명사 '그것'의 뜻이지만, 두 번째 문장의 it은 아무 뜻도 없습니다. 그냥
주어 자리만 지키고 있을 뿐이죠. 이럴 때의 it을 '비인칭주어'라고 불러요. 그럼, 비인칭주어 it을 언제 쓸
수 있을까요? 비인칭주어 it은 '시간, 날짜, 요일, 날씨, 계절, 명암, 거리, 온도'를 나타낼 때 쓰인답니다.

It is 3 o'clock.
3시 정각이다.

It is Monday.
월요일이다.

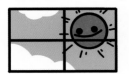

It is sunny.
(날씨가) 맑다.

It is fall.
가을이다.

It is dark.
어둡다.

It is far.
멀다.

> '시간, 날짜, 요일, 날씨, 계절, 명암, 거리, 온도'
> 에 쓰일 때는 it을 해석하지 않는다는 것,
> 잊지 마세요!

It was Monday.
월요일이었다.

It is Tuesday.
화요일이다.

현재의 시간, 날짜 등에 대해서 말할 때는
현재형 be동사를 써서 It is ~로, 과거의 시간,
날짜 등에 대해서 말할 때는 과거형 be동사를
써서 It was ~라고 하면 돼요.
이제 it에 두 가지 용도가 있다는 걸 알았죠?
잘 기억하고 다음 문제를 풀어 보아요.

연습문제

문제를 풀고 녹음 파일을 따라 읽고 연습하세요. 🎧 MP3 2권 본문 UNIT 12
정답 및 해석 p. 111

초777_2_p12

Step 1   다음 문장의 It이 비인칭주어면 '비', 대명사면 '대'라고 쓰세요.

01   It is a small penguin.
펭귄
⇨ 대 _____

02   It is your computer.
⇨ _____

03   It is Thursday.
⇨ _____

04   It is tall.
⇨ _____

05   It is a nice pencil case.
필통
⇨ _____

06   It is winter.
⇨ _____

07   It is a soft pillow.
베개
⇨ _____

08   It was sunny.
⇨ _____

09   It is chocolate milk.
⇨ _____

10   It is foggy.
안개 낀
⇨ _____

11   It is my cat.
⇨ _____

12   It is July 5th.
⇨ _____

13   It is rainy all day.
⇨ _____

14   It is hot summer.
⇨ _____

15   It is on my desk.
⇨ _____

16   It is my crayon.
크레용
⇨ _____

17   It was Saturday.
⇨ _____

18   It was a delicious doughnut.
맛있는   도넛
⇨ _____

19   It is three thirty.
⇨ _____

20   It was cool summer night.
⇨ _____

01   It is far from my home.   ⇨ 우리 집에서 멀다.

02   It is dark and cold.   ⇨ _____

03   It is warm outside.   ⇨ _____
         따뜻한

04   It is autumn.   ⇨ _____
         가을

05   It was bright.   ⇨ _____

06   It was April 13th.   ⇨ _____

07   It is ten fifteen.   ⇨ _____

08   It is Saturday morning.   ⇨ _____

09   It is thirty meters to the bookstore.   ⇨ _____

10   It was nearly 12 o'clock at night.   ⇨ _____
              거의

11   It was Friday.   ⇨ _____

12   It is spring now.   ⇨ _____

13   It is clear and sunny.   ⇨ _____

14   It was five in the morning.   ⇨ _____

15   It was cold winter.   ⇨ _____

16   It is Wednesday 5 o'clock.   ⇨ _____

17   It is 20 degrees in this room.   ⇨ _____
              (온도의) 도

18   It was not dark.   ⇨ _____

19   It is ten kilometers from here.   ⇨ _____

20   It was snowy and freezing.   ⇨ _____
                        매우 추운

Step 3 비인칭주어를 이용하여 우리말을 영어로 바르게 옮기세요.

01 9시 20분이야. ⇨ It is[It's] nine twenty.

02 10m야. ⇨ _____

03 흐려. ⇨ _____

04 여름이야. ⇨ _____

05 10월 14일이야. ⇨ _____

06 따뜻한 봄이었어. ⇨ _____

07 7시 40분이야. ⇨ _____

08 여긴 10도야. ⇨ _____

09 오늘은 바람이 불어. ⇨ _____

10 3월 2일이었어. ⇨ _____

11 멀지 않아. ⇨ _____

12 대구(Daegu)까지 100km였어. ⇨ _____

13 4시 정각이야. ⇨ _____

14 일요일이야. ⇨ _____

15 8월 3일이야. ⇨ _____

중학교 내신 시험에 꼭 나오는 문법 요점 정리 | 비인칭주어 it

● 비인칭주어 it
- 비인칭주어 it은 뜻이 (①   ).
- 비인칭주어 it은 시간, (②   ), 요일, 날씨, 계절, 명암, (③   ), 온도를 나타낼 때 쓰인다.
- 내용에 따라 be동사의 현재형, 과거형과 모두 쓰일 수 있다.

UNIT 13
시간 묻고 답하기

공부한 날 :   복습한 날 :   부모님 확인 :

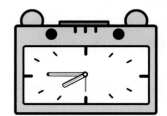

'지금 몇 시야?', '7시 45분이야.', '8시 15분 전이야.'
이처럼 우리는 일상생활에서 시간을 묻고 답하는 대화를 자주 합니다.
그럼, 영어로 어떻게 시간을 묻고 답할 수 있을까요?
아주 중요한 부분이니까 차근차근 알아보도록 해요.

What time is it?
지금 몇 시니?

It's nine o'clock.
9시 정각이야.

그림에서 왼쪽에 있는 친구가 "What time is it?"이라고 묻고 있죠? 바로 시간을 묻는 표현이랍니다.
오른쪽 친구가 "It's nine o'clock."이라고 답하는데요,
여기 o'clock은 앞에서 배웠듯이 '정각'을 나타냅니다.

한국어	English
9시 20분	Nine twenty

정각 외의 시간인 9시 05분, 9시 20분은 어떻게 나타낼까요?
9시 05분은 nine five라고 말하면 됩니다.
그렇다면 9시 20분은? 그렇습니다. Nine twenty가 되겠죠?

잠깐! 15분은 한 시간의 4분의 1이기 때문에 fifteen 대신
a quarter(4분의 1)를 쓰기도 해요. 그리고 30분은 한 시간의
반이기 때문에 thirty 대신 half(반, 절반)라고 표현하기도 한답
니다.

시간이 '8시 30분'일 때는
우리말로 '9시가 되기 30분 전'이라고 표현하기도 하죠.
이 '전'을 영어로도 표현할 수 있어요.
바로 to를 써서 '9시(가 되기) 30분 전'을 half to nine이라고 합니다.
같은 맥락에서 '8시 30분'을 '8시 지나 30분 후'라고 볼 수도
있겠죠? 이때는 after(~ 뒤에) 또는 past(~를 지나)를 써서
half after[past] eight이라고 합니다.

전 half to nine
9시가 되기 30분 전

후 half after eight
half past eight
8시 지난 30분

연습문제
문제를 풀고 녹음 파일을 따라 읽고 연습하세요. 🎧 MP3 2권 본문 UNIT 13
정답 및 해석 p. 112

Step 1 괄호 안에서 맞는 것에 ○표 하세요.

01   8:05   ⇨   (eighth five / (eight five))

02   9:00   ⇨   (nine clock / nine o'clock)

03   7:12   ⇨   (seven twenty / seven twelve)

04   3:15   ⇨   (a quarter after three / a quarter to three)

05   3:45   ⇨   (a quarter to four / four to a quarter)

06   4:20   ⇨   (four after twenty / twenty after four)

07   7:30   ⇨   (half to eight / half to seven)

08   6:30   ⇨   (half past seven / half past six)

09   2:30   ⇨   (two thirty / two thirteen)

10   1:00   ⇨   (one zero / one o'clock)

11   10:15   ⇨   (half past ten / a quarter past ten)

12   11:45   ⇨   (eleven forty-five / a quarter past eleven)

13   4:37   ⇨   (four half seven / four thirty-seven)

14   5:00   ⇨   (five past zero / five o'clock)

15   8:30   ⇨   (half after eight / half to eight)

16   10:30   ⇨   (ten to eleven / ten thirty)

17   12:15   ⇨   (twelve fifteen / a quarter past eleven)

18   2:35   ⇨   (two thirty-five / two half five)

19   (What / How) time is it?

20   (It's / That's) nine o'clock.

Step 2 밑줄 친 부분을 바르게 고쳐 쓰세요.

01 8:45 → a quarter to <u>eight</u> ⇨ _nine_

02 7:45 → <u>half</u> to eight ⇨ _____

03 8:07 → eight <u>seventh</u> ⇨ _____

04 6:30 → half past <u>seven</u> ⇨ _____

05 11:00 → <u>eleventh</u> o'clock ⇨ _____

06 3:00 → three <u>clock</u> ⇨ _____

07 <u>When</u> time is it? ⇨ _____

08 9:21 → <u>That's</u> nine twenty-one. ⇨ _____

09 4:30 → <u>thirteen</u> after four ⇨ _____

10 5:30 → half to <u>five</u> ⇨ _____

11 10:10 → <u>tenth</u> ten ⇨ _____

12 1:30 → one <u>a quarter</u> ⇨ _____

13 2:45 → <u>half</u> to three ⇨ _____

14 5:20 → five <u>two</u> ten ⇨ _____

15 4:15 → a quarter <u>to</u> four ⇨ _____

Step 3 시간 표현을 숫자로 바꿔 쓰세요.

01 a quarter past eleven ⇨ _11:15_

02 half to four ⇨ _____

03 a quarter to ten ⇨ _____

04 six fifteen ⇨ _____

05 a quarter past eight ⇨ _____

06 ten to ten ⇨ _____

07 a quarter past five ⇨ _____

08 twelve after one ⇨ _____

09 half past two ⇨ _____

10 seventeen to three ⇨ _____

11 eight thirty ⇨ _____

12 a quarter past twelve ⇨ _____

13 a quarter to twelve ⇨ _____

14 six to six ⇨ _____

15 seven thirty ⇨ _____

16 one ten ⇨ _____

중학교 내신 시험에 꼭 나오는 문법 요점 정리 | 시간 묻고 답하기

● 시간을 묻는 표현

   (①   )?

● 시간을 읽는 방법

  • 정각을 나타낼 때는 (②   )을 이용한다.

  • (③   )를 먼저 읽고 (④   )을 읽는다.

  • 15분은 (⑤   ), 30분은 (⑥   )로 표현할 수 있다.

    • '~분 전'을 나타낼 때는 (⑦   ), '~분 후'를 나타낼 때는 (⑧   )
     또는 after를 쓴다.

① What time is it ② o'clock ③ 시 ④ 분 ⑤ a quarter ⑥ half ⑦ to ⑧ past

날짜와 요일 말하기

영어로 시간을 물어볼 때는 "What time is it?", 날짜를 물어볼 때는 "What date is it?",
요일을 물어볼 때는 "What day is it?"이라고 합니다.
What ~ is it? 표현에 시간(time), 날짜(date), 요일(day) 단어만 바꿔 주면 되죠.
이렇게 시간, 날짜, 요일을 물어볼 때 쓰인 it은 앞에서 배운 비인칭주어 it이라는 것, 다들 기억하고 있죠?
그럼, 날짜나 요일을 물어볼 때 어떻게 대답해야 할까요? 차근차근 알아보도록 해요.

숫자로 달을 표시하는 우리나라와 달리 영어는 12개의 달이 전부 고유의 이름을 가지고 있어요.
어떻게 표현하는지 볼까요?

1월 January	2월 February	3월 March	4월 April
5월 May	6월 June	7월 July	8월 August
9월 September	10월 October	11월 November	12월 December

날짜를 말할 때는 앞에서 배운 '서수'를 이용해요.
'서수'는 순서를 말할 때와 날짜를 말할 때 늘 쓰는 거니까 꼭 알아두세요.

1일	first	1st	11일	eleventh	11th	21일	twenty-first	21st
2일	second	2nd	12일	twelfth	12th	22일	twenty-second	22nd
3일	third	3rd	13일	thirteenth	13th	23일	twenty-third	23rd
4일	fourth	4th	14일	fourteenth	14th	24일	twenty-fourth	24th
5일	fifth	5th	15일	fifteenth	15th	25일	twenty-fifth	25th
6일	sixth	6th	16일	sixteenth	16th	26일	twenty-sixth	26th
7일	seventh	7th	17일	seventeenth	17th	27일	twenty-seventh	27th
8일	eighth	8th	18일	eighteenth	18th	28일	twenty-eighth	28th
9일	ninth	9th	19일	nineteenth	19th	29일	twenty-ninth	29th
10일	tenth	10th	20일	twentieth	20th	30일	thirtieth	30th
						31일	thirty-first	31st

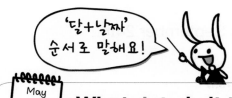

| May 15 | **What date is it today?**
오늘은 며칠입니까? | **It is May (the) 15th[fifteenth].**
5월 15일입니다. |

| April 21 | **What date was it yesterday?**
어제는 며칠이었습니까? | **It was April (the) 21st [twenty-first].** 4월 21일이었습니다. |

이번에는 월, 화, 수, 목, 금, 토, 일요일을 알아볼게요.

월	화	수	목	금	토	일
Monday	**Tuesday**	**Wednesday**	**Thursday**	**Friday**	**Saturday**	**Sunday**

July 14th
July 15th

| **What day is it today?**
오늘은 무슨 요일입니까? | **It is Tuesday.**
화요일입니다. |

| **What day was it yesterday?**
어제는 무슨 요일이었습니까? | **It was Monday.**
월요일이었습니다. |

☆ 날짜와 요일을 묻고 답할 때 비인칭주어 it을 사용한다는 것, 꼭 기억하세요!

연습문제 | 문제를 풀고 녹음 파일을 따라 읽고 연습하세요. 🎧 **MP3** 2권 본문 UNIT 14
정답 및 해석 p. 112

초777_2_p14

Step 1 다음 대화에서 밑줄 친 부분을 바르게 고쳐 쓰세요.

01 A: What <u>date</u> is it today? B: It is Sunday.

⇨ _day_

02 A: What date is it? B: It is November <u>twenty-one</u>.

⇨ _____

03 A: What date was it yesterday? B: It <u>is</u> March 13th.

⇨ _____

04 A: What <u>day</u> was it yesterday?　　　B: It was September 24th.

⇨ _____

05 A: What date is it?　　　B: <u>This</u> is June 11th.

⇨ _____

06 A: What date is it?　　　B: It is May <u>one</u>.

⇨ _____

07 A: What day <u>is</u> it?　　　B: It was Saturday.

⇨ _____

08 A: What date was it yesterday?　　　B: It was July <u>seven</u>.

⇨ _____

09 A: What <u>date</u> is it?　　　B: It is Monday.

⇨ _____

10 A: What day is it today?　　　B: <u>That</u> is Tuesday.

⇨ _____

Step 2 우리말에 해당하는 영어 단어를 빈칸에 쓰세요.

01 1월　⇨ January _____　　**02** 2월　⇨ _____

03 4월　⇨ _____　　**04** 수요일　⇨ _____

05 12월　⇨ _____　　**06** 목요일　⇨ _____

07 7월　⇨ _____　　**08** 8월　⇨ _____

09 9월　⇨ _____　　**10** 화요일　⇨ _____

11 11월　⇨ _____　　**12** 10월　⇨ _____

13 월요일　⇨ _____　　**14** 금요일　⇨ _____

15 3월　⇨ _____　　**16** 토요일　⇨ _____

Step 3 우리말과 같도록 괄호 안의 단어를 이용하여 문장을 쓰세요. (단, 비인칭주어 it을 이용하세요.)

01 오늘은 무슨 요일입니까? (day) ⇨ What day is it (today)?

02 목요일입니다. (Thursday) ⇨ _____

03 8월 12일입니다. (August) ⇨ _____

04 어제는 며칠이었습니까? (yesterday) ⇨ _____

05 6월 13일이었습니다. (June) ⇨ _____

06 7월 24일이었습니다. (July) ⇨ _____

07 일요일입니다. (Sunday) ⇨ _____

08 오늘은 며칠입니까? (date) ⇨ _____

09 화요일입니다. (Tuesday) ⇨ _____

10 12월 15일입니다. (December) ⇨ _____

UNIT
14

중학교 내신 시험에 꼭 나오는 문법 요점 정리 | 날짜와 요일 말하기

● 물어보는 말
   • 시간: What time is it?   • 날짜: (① _____)?   • 요일: (② _____)?

● 달

1월: (③)	2월: February	3월: (④)
4월: April	5월: May	6월: June
7월: July	8월: (⑤)	9월: September
10월: (⑥)	11월: November	12월: December

● 날짜

1일 (⑦)	1st	**9일** (⑨)	9th
2일 (⑧)	2nd	**10일** tenth	10th
3일 third	3rd	**21일** (⑩)	21st

● 요일

월: Monday	화: Tuesday	수: (⑪)
목: (⑫)	금: Friday	토: Saturday	일: Sunday

날짜와 요일을 묻고 답할 때는 비인칭주어 (⑬)을 사용한다.

① What date is it ② What day is it ③ January ④ March ⑤ August ⑥ October ⑦ first ⑧ second ⑨ ninth ⑩ twenty-first ⑪ Wednesday ⑫ Thursday ⑬ it

UNIT 15
가격 묻고 답하기

공부한 날 :   복습한 날 :   부모님 확인 :

사고 싶은 옷이 얼마인지 영어로 물어보려면 두 가지 표현만 기억하세요.
바로 'How much is it?', 'How much does it cost?'입니다.
이 중에서 더 자주 쓰이는 표현은 'How much is it?'이랍니다.

How much is it?
얼마에요?

$60.
60달러에요.

가격을 묻는 표현을 배웠으니 그럼
이제부터 가격을 말하는 방법을 자세하게 알아볼게요.

가격은 앞에서 배운 '기수'로 씁니다.

1	one	12	twelve	100	one hundred / a hundred
2	two	13	thirteen	101	one hundred one
3	three	20	twenty	102	one hundred two
4	four	21	twenty-one	199	one hundred ninety-nine
5	five	30	thirty	1,000	one thousand / a thousand
6	six	40	forty	1,001	one thousand one
7	seven	50	fifty	1,500	one thousand, five hundred
8	eight	60	sixty	1,640	one thousand, six hundred forty
9	nine	70	seventy	1,893	one thousand, eight hundred ninety-three
10	ten	80	eighty	2,000	two thousand
11	eleven	90	ninety	2,999	two thousand, nine hundred ninety-nine

숫자를 말할 때는 우리말 순서대로 써 주면 돼요. 숫자가 커지면 세 자리씩 천 단위로 읽고, hundred(백)
뒤에는 and를 넣어서 말할 수도 있어요.

256 → 이백   오십 육
two hundred (and) fifty-six

3,700 → 삼천   칠백
three thousand, seven hundred

5,370 → 오천   삼백   칠십
five thousand, three hundred (and) seventy

참고로, 가격을 말할 때 숫자 앞에는 비인칭주어 it을 사용하고 숫자 뒤에는 화폐의 단위를 써주면 돼요.

연습문제 | 문제를 풀고 녹음 파일을 따라 읽고 연습하세요. 🎧 **MP3** 2권 본문 UNIT 15
정답 및 해석 p. 112

Step 1   가격을 영어로 쓰세요.

01	$67	⇨ sixty-seven dollars
02	$120	⇨
03	$146	⇨
04	$183	⇨
05	$1,003	⇨
06	$1,026	⇨
07	$1,576	⇨
08	$1,986	⇨
09	$6,243	⇨
10	$7,800	⇨
11	$267	⇨
12	$5,530	⇨
13	$800	⇨
14	$770	⇨
15	$5,100	⇨

01

A: How much is it?

B: *It is one thousand*

dollars. ($1,000)

02

A: How much is this bicycle?

B: _____

_____ ($560)

03

A: How much is it?

B: _____

_____ ($111)

04

A: How much is this robot?

B: _____

_____ ($1,200)

05

A: How much is this?

B: _____

_____ ($30)

06

A: How much is it?

B: _____

_____ ($1,550)

Step 3 밑줄 친 부분이 맞으면 ○표, 틀리면 ×표 하고 바르게 고쳐 쓰세요.

01 A: How much is it?

B: It is one <u>dollars</u>.   X, dollar

02 A: How much is it?

B: It <u>was</u> twenty-one dollars.   _____

03 A: How much is it?

B: It <u>are</u> five hundred dollars.   _____

04 A: How much <u>was</u> it?

B: It is two dollars.   _____

05 A: How <u>money</u> is it?

B: It is three dollars.   _____

06 A: How much is it?

B: It is ten <u>dollars</u>.   _____

07 A: How much <u>is</u> the coffee?

B: It is five dollars.   _____

중학교 내신 시험에 꼭 나오는 문법 요점 정리 | 가격 묻고 답하기

● 가격 물어보고 답하기

• 가격을 물어보는 말

(①   )?

How much does it cost?

• 가격을 대답할 때 : 숫자 + (②   )

예) one dollar, two hundred dollars

• 숫자 말하기

11 → (③)	1,000 → (⑥)	
20 → (④)	1,500 → (⑦)	
100 → (⑤)	2,999 → (⑧)	

① How much is it ② 화폐단위 ③ eleven ④ twenty ⑤ one hundred/a hundred ⑥ one thousand/a thousand ⑦ one thousand, five hundred ⑧ two thousand, nine hundred (and) ninety-nine

UNIT 11~15
진단평가 및 교내평가 대비 실전테스트

공부한 날 :　　　　　복습한 날 :　　　　　부모님 확인 :

UNIT 11 숫자 나타내기 UNIT 12 비인칭주어 it UNIT 13 시간 묻고 답하기 UNIT 14 날짜와 요일 말하기 UNIT 15 가격 묻고 답하기

01

다음 단어의 서수로 알맞은 것을 고르세요.

> two

① first 　　　　② second
③ third 　　　　④ fourth

02

다음의 단어를 분류하여 각 표에 알맞게 쓰세요.

[보기] fifth, seven, sixth,
　　　　twenty, eighth

기수	서수

[03~04] 다음 그림을 보고, 빈칸에 알맞은 말을 쓰세요.

03

A: _____ time is it?
B: It's two o'clock.

04

_____ _____ zero two, one two three, nine eight seven six.

05

그림과 단어가 바르게 짝지어지지 <u>않은</u> 것을 고르세요.

① March 　　② [MONTH 5] May

③ June 　　④ August

06

다음 빈칸에 들어갈 알맞은 단어를 고르세요.

> It is one forty-five.
> = It is a quarter _____ two.

① in 　　　　　　　② past
③ for 　　　　　　　④ to

07

다음 빈칸에 들어갈 알맞은 단어를 고르세요.

> A: What _____ is it?
> B: It's May 15th.

① day   ② date
③ time   ④ cost

08

다음 중 분수와 소수를 바르게 읽은 것 두 개를 고르세요.

① $\frac{2}{3}$ → two-third

② $\frac{4}{5}$ → four-fifths

③ 1.01 → first point zero one

④ 0.01 → point zero one

09

다음 문장의 It이 비인칭주어면 '비', 대명사면 '대'라고 쓰세요.

(1) It is a cute dog. (   )
(2) It is cool in the fall. (   )
(3) It is so dark. (   )
(4) It is a nice movie. (   )

10

다음 빈칸에 공통으로 들어갈 알맞은 단어를 쓰세요. (   )

A: How's the weather there?

B: _____ is windy.

A: Yeah. _____ is dark and cool here, too.

11

다음 그림에 맞는 단어가 되도록 빈칸에 알맞은 글자를 쓰세요.

F e ☐ r ☐ a r y

12

다음 그림에 맞게 빈칸에 들어갈 알맞은 말을 쓰세요.

A: What time _____ _____?

B: It's _____ past eight.

[13~14] 다음 글자들을 배열하여 우리말과 같은 뜻의 단어를 만드세요.

13

R   A   I
D   F   Y

금요일

_____

14

```
12번째
```

_____

[15~16] 다음 그림에 맞게 빈칸에 알맞은 말을 쓰세요.

15

It is half _____ eight.

16

It is a _____ after seven.

17

다음을 영어로 읽은 것 중 옳지 <u>않은</u> 것은?

① 9월 19일 = September nineteenth
② 30번째 = thirtieth
③ $45 = forty-five dollar
④ 622-7180 = six double two, seven one
　　　　　　　　　eight zero

18

다음 중 시간을 영어로 <u>잘못</u> 표현한 것을 고르세요.

① 2:00 = two o'clock
② 5:25 = five twenty-five
③ 9:30 = half past ten
④ 11:10 = ten after eleven

19

다음 그림을 보고, 빈칸에 들어갈 알맞은 말을 고르세요.

How _____ is it?
① many　　　　　　　② much
③ cost　　　　　　　④ often

20

다음 중 요일을 물어볼 때 사용하는 말을 고르세요.

① What time is it?
② What day is it?
③ How much is it?
④ What date is it?

[21~23] 다음 단어를 소문자는 대문자로, 대문자는 소문자로 바꿔 쓴 뒤, 괄호 안에 그 뜻을 쓰세요.

21 NINTH

⇨ | | | | | |　　　　　(　　　　)

22 april

⇨ | | | | | | (   )

23 FIFTY

⇨ | | | | | | (   )

[24~25] 우리말 해석과 같도록 빈칸에 알맞은 말을 쓰세요.

24

_____ is 2,160 dollars.
(2,160달러입니다.)

25

It _____ rainy yesterday.
(어제 비가 왔다.)

26

다음 그림에 맞게 대화의 빈칸에 알맞은 말을 [보기]에서 골라 쓰세요.

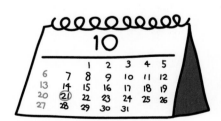

[보기] is,   November,   was,
        were,   October

A: What date _____ it yesterday?

B: It was _____ 21st.

27

다음 문장에서 <u>틀린</u> 부분을 찾아 바르게 고쳐 문장을 다시 쓰세요.

It is May sixteen.

_____

_____

[28~30] 다음 단어를 바르게 배열하여 문장을 쓰세요.

28

(hot / It / summer / is).

⇨ _____

29

(morning / It / Sunday / is).

⇨ _____

30

(It / three hundred / dollars / is / and / fifty).

⇨ _____

UNIT 01~15 총괄평가 1회

공부한 날 :   복습한 날 :   부모님 확인 :

01

다음 중 과거형을 나타내는 문장이 아닌 것을 고르세요.

① She saw a map.
② It was a rainy day.
③ I want a baby doll.
④ They went to China.

[02-04]

우리말과 해석이 같도록 빈칸에 알맞은 말을 [보기]에서 골라 쓰세요.

[보기] can, must, don't have to

02

We _____ lock the door at night.
(우리는 밤에 문을 잠가야 해.)

03

He _____ swim very well.
(그는 수영을 매우 잘 할 수 있다.)

04

You _____ bring your umbrella.
(너는 우산을 가져올 필요가 없다.)

05

다음 문장에서 밑줄 친 can이 허락의 의미로 쓰인 것을 고르세요.

① You can leave now.
② She can make coffee.
③ Michael can drive a car.
④ We can write a letter in English.

06

다음 중 밑줄 친 부분이 올바른 것을 고르세요.

① My uncle cans drink lemon tea.
② You doesn't have to come here.
③ She must washes her face.
④ We have to go home early.

07

다음 단어 중 형용사가 아닌 것을 고르세요.

① brown   ② happily
③ sweet   ④ tall

08

다음 대화의 빈칸에 들어갈 알맞은 단어를 고르세요.

A: What time is it now?
B: _____ is 10 o'clock.

① That   ② It
③ This   ④ These

09

다음 짝지어진 대화가 <u>어색한</u> 것을 고르세요.

① A: Did you finish your homework?
   B: Yes, I did.
② A: Are you a student?
   B: Yes, I was.
③ A: Did you have lunch?
   B: No, I didn't.
④ A: Is she your aunt?
   B: Yes, she is.

10

다음 중 명령문이 <u>아닌</u> 것을 고르세요.

① Go to your father.
② Please listen to this.
③ Let's not watch a movie.
④ Never eat my cake.

[11-13]

다음 그림을 보고, 빈칸에 알맞은 말을 [보기]에서 골라 쓰세요.

[보기] taste, famous, sound

11

The music _____s beautiful.

12

She became very _____.

13

This soup _____s salty.

14

다음 빈칸에 들어갈 수 <u>없는</u> 말을 고르세요.

> A: We must be quiet in the library.
> B: You're right. And _____ run.

① don't
② never
③ be
④ let's not

[15-16]

다음 문장을 괄호 안의 지시에 맞게 바꾸었을 때
옳지 <u>않은</u> 것을 고르세요.

15

① I was so upset last Sunday. (부정문)
  → I was not so upset last Sunday.
② They were at the beach. (의문문)
  → Were they at the beach?
③ You can use my pen any time. (부정문)
  → You cannot use my pen any time.
④ She came home late. (의문문)
  → Did she came home late?

16

① We turn on the light. (청유문)
  → Let's turn on the light.
② You put the sign on the board. (명령문)
  → Put the sign on the board, please.
③ We bring this to her. (명령문)
  → Let's bring this to her.
④ You don't drink coffee. (명령문)
  → Don't drink coffee.

[17-20]

다음은 민호의 일주일 일과표입니다. 표를 보고
빈칸에 알맞은 말을 [보기]에서 골라 쓰세요.

	월	화	수	목	금	토	일
Have breakfast with his family	✓	✓	✓	✓	✓	✓	✓
Read books							
Play baseball		✓					
Help his mother	✓				✓	✓	✓

> [보기] always, sometimes, never,
> seldom

17

He _____ helps his mother.
(그는 가끔 어머니를 돕는다.)

18

He _____ reads books.
(그는 절대 책을 읽지 않는다.)

19

He _____ has breakfast with his
family.
(그는 항상 가족들과 아침식사를 한다.)

20

He _____ plays baseball.
(그는 야구를 거의 하지 않는다.)

21

다음 빈칸에 공통으로 들어갈 알맞은 단어를 고르세요.

> • What time is _____?
> • What date is _____?
> • How much is _____?

① it ② this
③ that ④ one

22

다음 중 숫자를 영어로 올바르게 읽은 것을 고르세요.

① 3.03 → three o three
② 778-1284 → seven seven eight, twelve eighty four
③ $\frac{2}{5}$ → two-fifth
④ 7.6 → seven point six

23

다음 빈칸에 들어갈 질문으로 알맞은 것을 고르세요.

> A: _____
> B: It is half past eight.

① What is the time?
② What time is it?
③ Is it what time?
④ What time is this?

24

다음 중 기수와 서수가 바르게 짝지어지지 않은 것을 고르세요.

① two – second
② three – third
③ ten – tenth
④ twenty – twentyth

[25-27]

다음 그림을 보고, 알맞은 숫자를 영어로 쓰세요.

25

⇨ _____

26

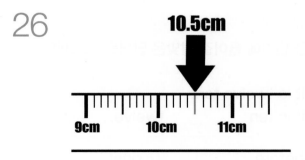

⇨ _____ cm

27

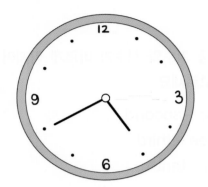

⇨ _____

28

다음 두 문장의 의미가 같지 <u>않은</u> 것을 고르세요.

① He must exercise now.
= He has to exercise now.
② Don't waste your time.
= Never waste your time.
③ You must not enter the room.
= You don't have to enter the room.
④ She was not scared of her mother.
= She wasn't scared of her mother.

29

다음 빈칸에 들어갈 알맞은 단어를 고르세요.

| It is twelve ten. |
| It is ten _____ twelve. |

① before   ② past
③ to   ④ for

[30-33]

다음 중 동사의 현재형과 과거형이 <u>잘못</u> 짝지어진 것을 고르세요.

30

① read – read   ② come – come
③ walk – walked   ④ get – got

31

① write – writed   ② move – moved
③ jump – jumped   ④ learn – learned

32

① sing – sang   ② start – started
③ use – used   ④ go – goed

33

① wake – waked   ② say – said
③ save – saved   ④ help – helped

34

주어진 단어를 배열하여 빈칸을 채우세요.

| (half, is, to, seven, It). |

A: What time is it now?
B: _____

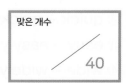

35

다음 중 밑줄 친 It이 '그것'의 의미를 갖고 있는 문장을 고르세요.

① It is cold here.
② It is Tuesday.
③ It is 12 kilometers.
④ It is a book.

[36-37]

다음 문장에서 not이 들어갈 곳으로 알맞은 것을 고르세요.

36

I ① must ② clean ③ my ④ room.

37

① Do ② make ③ a ④ noise.

38

다음 밑줄 친 부분을 영어로 바르게 옮긴 것을 고르세요.

A: When is your birthday?
B: It is April 12일.

① twelve
② one two
③ twelveth
④ twelfth

39

다음 중 시간을 영어로 잘못 표현한 것을 고르세요.

① 6:05 = six five
② 8:30 = half to eight
③ 12:45 = a quarter to one
④ 11:25 = eleven twenty five

40

다음 우리말 해석과 같도록 빈칸에 알맞은 말을 쓰세요.

A: It is so hot. I am thirsty.
B: _____ buy some water.

A: 너무 더워. 나 목말라.
B: 물 좀 사자.

맞은 개수

___ / 40

UNIT 01~15 총괄평가 2회

공부한 날 :   복습한 날 :   부모님 확인 :

[01-03]

다음 중 형용사를 고르세요.

01

① clearly   ② quickly
③ strong   ④ nicely

02

① glad   ② slowly
③ greatly   ④ happily

03

① friendly   ② quietly
③ kindly   ④ strangely

[04-05]

다음 중 형용사를 부사로 <u>잘못</u> 바꾼 것을 고르세요.

04

① careful – carefully
② quick – quickly
③ easy – easyly
④ wide – widely

05

① late – late
② hard – hard
③ nice – nicly
④ cold – coldly

06

우리말 해석과 같도록 빈칸에 들어갈 알맞은 말을 고르세요.

> 그녀는 항상 버스를 타고 학교에 간다.
> = She _____ goes to school by bus.

① sometimes   ② always
③ usually   ④ never

07

다음 빈칸에 공통으로 들어갈 알맞은 단어를 고르세요.

> A: What day _____ it yesterday?
> B: It _____ Monday.

① are   ② is
③ were   ④ was

08

다음 중 밑줄 친 부분이 <u>어색한</u> 것을 고르세요.

① <u>Were</u> you in your room?
② He <u>watched</u> TV last night.
③ She <u>was</u> a singer.
④ He <u>look</u> happy.

09

다음 빈칸에 들어갈 수 <u>없는</u> 말을 고르세요.

Did you go to the bookstore
_____?

① last week
② this morning
③ yesterday
④ tomorrow

10

다음 대화의 빈칸에 들어갈 말을 고르세요.

A: Can Jessica cook?
B: _____

① Yes, she can't.
② Never, she can.
③ Yes, she can.
④ No, Jessica can.

11

다음 문장을 부정문으로 바르게 고친 것을 고르세요.

He has to fix the computer.

① He doesn't has to fix the computer.
② He doesn't have to fix the computer.
③ He has not to fix the computer.
④ He don't have to fix the computer.

12

다음 문장의 밑줄 친 <u>Can</u>과 쓰임이 같은 것을 <u>고르세요.</u>

<u>Can</u> I borrow your pen?

① I <u>can</u> understand you.
② You <u>can</u> take a rest.
③ He <u>can</u> remember many things.
④ She <u>can</u> swim well.

13

다음 밑줄 친 부분을 바르게 고치세요.

It smells <u>strangely</u>.

→ _____

14

우리말 해석과 같도록 빈칸에 들어갈 알맞은 말을 고르세요.

이번 주 화요일은 나의 10번째 생일이다.
= This Tuesday is my _____ birthday.

① first
② tenth
③ eleventh
④ seventh

15

다음 문장과 뜻이 같은 문장을 고르세요.

It is half past eight.

① It is eight fifty.
② It is half to eight.
③ It is eight thirteen.
④ It is half to nine.

16

다음 대화의 빈칸에 들어갈 말로 가장 적절한 것을 고르세요.

A: _____
B: It is five dollars.

① What is it?
② What much is it?
③ How many is it?
④ How much is it?

[17-20]

다음 숫자를 영어로 쓰세요.

17

$3,820 = _____
_____ dollars

18

032)566-2487
= area code _____
_____

19

$\frac{3}{7}$ = _____

20

6.32 = _____

21

다음 문장을 의문문으로 바꿀 때 빈칸에 들어갈 알맞은 말을 고르세요.

He saw the movie.
→ _____ he see the movie?

① Was
② Did
③ Does
④ Do

22

다음 문장을 청유문으로 바르게 고친 것을 고르세요.

We eat the cookies.

① Did we eat the cookies?
② Do we eat the cookies?
③ Let's eat the cookies.
④ Eat the cookies.

23

다음 문장을 부정 명령문으로 바꿀 때 빈칸에 들어갈 알맞은 말을 고르세요.

You don't play computer games.
→ _____ play computer games.

① No   ② Do
③ Please   ④ Never

24

다음 문장을 긍정 명령문으로 바꿀 때 빈칸에 들어갈 알맞은 말을 고르세요.

You exercise today.
→ _____ exercise today.

① Does   ② Did
③ Please   ④ Never

25

다음 대화의 빈칸에 들어갈 알맞은 말을 고르세요.

A: Were you a nurse?
B: _____

① I am a nurse.
② No, you are.
③ Yes, I was.
④ Yes, I were.

26

다음 우리말 해석과 같도록 빈칸에 공통으로 들어갈 말을 고르세요.

• _____ is summer in Korea.
  (한국은 여름이다.)
• _____ is very hot.
  (매우 덥다.)

① It   ② This
③ That   ④ When

27

다음 밑줄 친 부분을 영어로 바르게 읽은 것을 고르세요.

Saturday, July 21.

① twenty one
② two one
③ twenty first
④ twentieth one

28

다음 명령문의 빈칸에 들어갈 말이 순서대로 짝지어진 것을 고르세요.

> • _____ run here.
> • _____ check your bag one more time.

① No – Don't
② Never – Please
③ Please – No
④ Be - Please

29

다음 짝지어진 문장 중 올바른 것을 고르세요.

① It is six thirty. = It is half past six.
② It is seven forty-five. = It is fifty to seven.
③ It is three ten. = It is ten to three.
④ It is four fifty-five. = It is five after four.

30

다음 문장을 부정문으로 바꿀 때 didn't가 들어갈 위치로 알맞은 곳을 고르세요.

> ① You ② read ③ the ④ book.

31

다음 문장을 의문문으로 알맞게 바꾼 것을 고르세요.

> He got a chance.

① Did he get a chance?
② Did he got a chance?
③ Did he gets a chance?
④ Does he got a chance?

32

다음 문장의 밑줄 친 부분을 고쳐서 다시 쓰세요.

(1) Let's not <u>leaves</u> here early.

→ _____

(2) You don't <u>has</u> to boil water.

→ _____

[33-35]

다음 빈칸에 알맞은 말을 쓰세요.

33

> A: What _____ is it today?
> B: It is January the 2nd.

34

> A: _____ day is it?
> B: It is Wednesday.

35

A: _____ _____ is it?
B: It is a quarter past ten.

[36-37]

다음 영어를 숫자로 바꿔 쓰세요.

36

two-thirds → _____

37

two point five → _____

38

우리말 해석과 같도록 빈칸에 알맞은 말을 쓰세요.

A: I must call you tonight.
B: No, you _____.
   (아니야. 그럴 필요 없어.)

[39-40]

다음 그림을 보고, 주어진 단어들을 배열하여 알맞은 문장을 쓰세요.

39

→ _____
(You, there, can, park).

40

→ _____
(You, the table, must, clean).

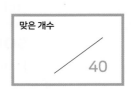

맞은 개수

/ 40

초777_2_w1

UNIT 01 🎧 MP3 2권 단어 UNIT 01   학습한 날 :

단어 연습장 공부법 1단계 | 들려주는 단어를 잘 듣고, 옆의 빈칸에 세 번씩 써 보세요.

Step 1

01 must
[mʌst]
~해야 한다

must

02 learn
[lə:rn]
배우다

03 cartoon
[kɑ:rtúːn]
만화

04 Chinese
[tʃàiníːz]
중국어

05 answer
[ǽnsər]
답하다

06 question
[kwéstʃən]
질문

Step 2

07 future
[fjúːtʃər]
미래

08 vegetable
[védʒitəbl]
채소

09 pet
[pet]
애완동물

Step 3

10 everything
[évriθìŋ]
모든 것

11 remember
[rimémbər]
기억하다

12 tea
[tiː]
차

13 some
[sʌm]
약간의

14 **try**
[trai]
맛보다

15 **French**
[frentʃ]
프랑스어

16 **wait for**
[weit fɔːr]
~을 기다리다

17 **turn**
[təːrn]
차례

Step 4 18 **take a test**
[teik ə test]
시험을 치르다

19 **put**
[put]
~을 …에 놓다

20 **busy**
[bízi]
바쁜

21 **become**
[bikʌ́m]
~가 되다,
~하게 되다

Step 5 22 **be able to**
[bi éibl tuː]
~할 수 있다

23 **Japanese**
[dʒæ̀pəníːz]
일본어

24 **the others**
[ði ʌ́ðərs]
다른 것들,
다른 사람들

25 **classmate**
[klǽsmeit]
학급 친구

26 **score**
[skɔːr]
점수

01	m___st	~해야 한다
02	lea___n	배우다
03	cart___ ___n	만화
04	C___ine___e	중국어
05	an___w___r	답하다
06	___ues___ion	질문
07	___utu___e	미래
08	vege___abl___	채소
09	p___t	애완동물
10	ev___ry___hing	모든 것

11	r___mem___er	기억하다
12	t___a	차
13	so___e	약간의
14	t___y	맛보다
15	Fre___c___	프랑스어
16	wai___ fo___	~을 기다리다
17	t___rn	차례
18	ta___e a t___st	시험을 치르다
19	pu___	~을 …에 놓다

20	___u___y	바쁜
21	b___co___e	~가 되다, ~하게 되다
22	be a___le to	~할 수 있다
23	J___pane___e	일본어
24	the o___he___s	다른 것들, 다른 사람들
25	___lass___ate	학급 친구
26	s___o___e	점수

단어 연습장 공부법 3단계 | 단어를 다시 들으면서 큰 소리로 따라 읽어보세요.

UNIT 02   🎧 MP3 2권 단어 UNIT 02   학습한 날 :

단어 연습장 공부법 1단계 | 들려주는 단어를 잘 듣고, 옆의 빈칸에 세 번씩 써 보세요.

Step 1　01 **park** [pɑːrk]　주차하다　　　park

02 **take a walk** [teik ə wɔːk]　산책하다

03 **catch** [kætʃ]　잡다, 붙잡다

Step 2　04 **ride a bicycle** [raid ə báisikl]　자전거를 타다

05 **change** [tʃeindʒ]　바꾸다

06	**cut** [kʌt]	자르다, 절단하다	
07	**jump the rope** [dʒʌmp ðə roup]	줄넘기를 하다	
08	**take a break** [teik ə breik]	잠깐 쉬다	
09	**poem** [póuəm]	시	
10	**wash the dishes** [wɑːʃ ðə diʃz]	설거지를 하다	

Step 3

11	**fly** [flai]	파리, 날다	
12	**textbook** [tékstbuk]	교과서	
13	**face** [feis]	얼굴	
14	**stay** [stei]	머무르다	
15	**map** [mæp]	지도	
16	**ruler** [rúːlər]	자	

Step 4

17	**eraser** [iréisər]	지우개	
18	**drive** [draiv]	차로 태워다 주다	
19	**outside** [àutsáid]	바깥에	
20	**rain** [rein]	비가 오다	
21	**free** [friː]	한가한	

단어 듣고 따라 쓰기 연습

단어 연습장 공부법 2단계 | 진단평가, 수행평가 대비에 꼭 필요한 단어 복습 빈칸 넣기 문제입니다.

01	___ar___	주차하다
02	___ake a ___alk	산책하다
03	c___t___h	잡다, 붙잡다
04	ri___e a bic___cl___	자전거를 타다
05	ch___n___e	바꾸다
06	c___t	자르다, 절단하다
07	jump the r___p___	줄넘기를 하다

08	take a b___ea___	잠깐 쉬다
09	po___m	시
10	wash the ___ish___s	설거지를 하다
11	___l___	파리, 날다
12	___ext___ook	교과서
13	fa___e	얼굴
14	s___ay	머무르다

15	ma___	지도
16	___ul___r	자
17	e___as___r	지우개
18	dr___v___	차로 태워다 주다
19	o___ts___de	바깥에
20	r___in	비가 오다
21	f___ee	한가한

단어 연습장 공부법 3단계 | 단어를 다시 들으면서 큰 소리로 따라 읽어보세요.

UNIT 03 🎧 MP3 2권 단어 UNIT 03

학습한 날 :

단어 연습장 공부법 1단계 | 들려주는 단어를 잘 듣고, 옆의 빈칸에 세 번씩 써 보세요.

Step 1	01 **elementary school** [èləméntəri sku:l]	초등학교	elementary school
	02 **take care of** [teik kɛər əv]	~을 돌보다	
	03 **cross** [krɔ(:)s]	건너다	
	04 **leave** [li:v]	놔두다	
	05 **alone** [əlóun]	홀로	
	06 **deliver** [dilívər]	배달하다	

90 초등영문법 *777* / 2권

The early bird catches the worm. 일찍 일어나는 새가 벌레를 잡는다.

07 say good-bye 작별 인사하다
[sei gùdbái]

08 water 물을 주다
[wɔ́:tər]

09 hurry up 서두르다
[hə́:ri ʌp]

10 show 쇼, 공연
[ʃou]

Step 2 **11 loud** 크게
[laud]

12 exercise 운동하다
[éksərsaiz]

13 seat belt 안전벨트
[si:t belt]

14 fill 채우다
[fil]

15 wall 벽
[wɔ:l]

16 dirty 더러운
[də́:rti]

17 empty 비우다
[émpti]

18 trash can 쓰레기통
[træʃ kæn]

Step 3 **19 follow** 따라가다
[fálou]

20 right now 지금 당장
[rait nau]

21 vegetable 채소
[védʒitəbl]

22 turn off ~을 끄다
[tə:rn ɔ:f]

23	**prepare for** [pripέər fər]	~을 준비하다	
24	**essay** [ései]	에세이, 수필	
25	**sign** [sain]	서명하다	
26	**arrive** [əráiv]	도착하다	
27	**on time** [ən taim]	정각에, 시간을 어기지 않고	
Step 4 28	**spit** [spit]	침을 뱉다	
29	**out loud** [aut laud]	소리내어	
30	**push** [puʃ]	밀다, 누르다	

단어 연습장 공부법 2단계 | 진단평가, 수행평가 대비에 꼭 필요한 단어 복습 빈칸 넣기 문제입니다.

01	ele___en___ary s___h___ol	초등학교	10	sh_____	쇼, 공연	21	___ege___a___le	채소
02	t___ke care o___	~을 돌보다	11	lo___d	크게	22	t___r___o___f	~을 끄다
03	cr___ss	건너다	12	e___erc___se	운동하다	23	pr___par___ for	~을 준비하다
04	___e___ve	놔두다	13	s___at b___lt	안전벨트	24	e___sa___	에세이, 수필
05	a___on___	홀로	14	fil___	채우다	25	si___n	서명하다
06	d___liv___r	배달하다	15	wa_____	벽	26	ar___iv___	도착하다
07	sa___ goo___-by___	작별 인사하다	16	di___ty	더러운	27	o___ ___ime	정각에, 시간을 어기지 않고
			17	e___pty	비우다			
08	w___ter	물을 주다	18	tr___sh c___n	쓰레기통	28	s___it	침을 뱉다
09	hu_____y up	서두르다	19	f___ll___w	따라가다	29	ou___ l___ud	소리내어
			20	ri___ht n___w	지금 당장	30	p___sh	밀다, 누르다

단어 연습장 공부법 3단계 | 단어를 다시 들으면서 큰 소리로 따라 읽어보세요.

UNIT 04   🎧 MP3 2권 단어 UNIT 04   학습한 날:

단어 연습장 공부법 1단계 | 들려주는 단어를 잘 듣고, 옆의 빈칸에 세 번씩 써 보세요.

Step 1	01	**upset** [ʌpsét]	화가 난	upset
	02	**silly** [síli]	어리석은	
	03	**hungry** [hʌ́ŋgri]	배고픈	
	04	**successful** [səksésfəl]	성공한	
	05	**business** [bíznəs]	사업, 장사	
	06	**farmer** [fɑ́ːrmər]	농부	
Step 2	07	**be scared of** [bi skɛərd əv]	~에 겁먹다	
	08	**ghost** [ɡoust]	유령	
	09	**close** [klous]	가까운, 친한	
	10	**diligent** [dílidʒənt]	부지런한	
	11	**Africa** [ǽfrikə]	아프리카	
	12	**glad** [ɡlæd]	기쁜, 반가운	
	13	**nervous** [nə́ːrvəs]	신경이 곤두선	
	14	**wrong** [rɔːŋ]	잘못된, 틀린	

단어 듣고 따라 쓰기 연습

Step 3	15	**hero** [hí(:)ərou]	영웅	
	16	**like** [laik]	~와 비슷한	
	17	**in front of** [in frʌnt əv]	~ 앞에	
	18	**musical** [mjú:zikəl]	뮤지컬	
	19	**bathroom** [bǽθru:m]	욕실	
	20	**super star** [sjú:pərstɑ:r]	대스타	
	21	**far** [fɑ:r]	먼	
	22	**from** [frəm]	~로부터	
Step 4	23	**married** [mǽrid]	결혼한	
	24	**princess** [prínses]	공주	
	25	**mirror** [mírər]	거울	
	26	**wet** [wet]	젖은	
	27	**dark** [dɑ:rk]	어두운	

단어 연습장 공부법 2단계 | 진단평가, 수행평가 대비에 꼭 필요한 단어 복습 빈칸 넣기 문제입니다.

01	up___et	화가 난
02	sill___	어리석은
03	h___ngr___	배고픈
04	succes___ful	성공한
05	___usi___ess	사업, 장사
06	f___r___er	농부
07	be ___car___d of	~에 겁먹다
08	gh___st	유령
09	c___o___e	가까운, 친한
10	dili___e___t	부지런한
11	___fr___ca	아프리카
12	___la___	기쁜, 반가운
13	ner___o___s	신경이 곤두선
14	___ro___g	잘못된, 틀린
15	h___ro	영웅
16	li___e	~와 비슷한
17	in ___ron___ of	~ 앞에
18	m___sic___l	뮤지컬
19	___athr___om	욕실
20	sup___r s___ar	대스타
21	f___r	먼
22	fr___m	~로부터
23	m___rri___d	결혼한
24	p___inc___ss	공주
25	m___rro___	거울
26	w___t	젖은
27	d___rk	어두운

단어 연습장 공부법 3단계 | 단어를 다시 들으면서 큰 소리로 따라 읽어보세요.

UNIT 05 🎧 MP3 2권 단어 UNIT 05   학습한 날 :

단어 연습장 공부법 1단계 | 들려주는 단어를 잘 듣고, 옆의 빈칸에 세 번씩 써 보세요.

Step 1

01	**something** [sʌ́mθiŋ]	어떤 것	something
02	**note** [nout]	메모, 공지사항	
03	**novel** [nάvəl]	소설	
04	**ago** [əgóu]	~ 전에	
05	**with joy** [wið dʒɔi]	신이 나서	

Step 2	06	**save** [seiv]	저축하다	
	07	**a lot of** [ə lɑt əv]	많은	
	08	**go jogging** [gou ʤágiŋ]	조깅하러 가다	
Step 3	09	**fantastic** [fæntǽstik]	환상적인	
	10	**enough** [inʌ́f]	충분한	
	11	**spring** [spriŋ]	봄	
	12	**into** [íntu]	~ 안으로	
	13	**forest** [fɔ́(ː)rist]	숲	

단어 연습장 공부법 2단계 | 진단평가, 수행평가 대비에 꼭 필요한 단어 복습 빈칸 넣기 문제입니다.

01	so___e___hing	어떤 것	06	sa___e	저축하다	10	___noug___	충분한
02	n___t___	메모, 공지사항	07	a l___t of	많은	11	s___rin___	봄
03	n___v___l	소설	08	___o jog___ing	조깅하러 가다	12	i___to	~ 안으로
04	___go	~ 전에	09	fa___ta___tic	환상적인	13	fo___e___t	숲
05	___ith ___oy	신이 나서						

단어 연습장 공부법 3단계 | 단어를 다시 들으면서 큰 소리로 따라 읽어보세요.

UNIT 06 🎧 MP3 2권 단어 UNIT 06

학습한 날 :

단어 연습장 공부법 1단계 | 들려주는 단어를 잘 듣고, 옆의 빈칸에 세 번씩 써 보세요.

Step 1

01 **wonderful**
[wʌ́ndərfəl]
멋진, 훌륭한
wonderful

02 **cloudy**
[kláudi]
구름이 낀

03 **umbrella**
[ʌmbrélə]
우산

04 **strange**
[streindʒ]
이상한, 오싹한

05 **special**
[spéʃəl]
특별한

06 **exciting**
[iksáitiŋ]
흥미진진한

Step 2

07 **grape**
[greip]
포도

Step 3

08 **hunger**
[hʌ́ŋgər]
배고픔, 허기

09 **gift**
[gift]
선물

10 **puppy**
[pʌ́pi]
강아지

11 **anger**
[ǽŋgər]
화

12 **ugly**
[ʌ́gli]
못생긴

13 **height**
[hait]
높이

단어 듣고 따라 쓰기 연습

단어 연습장 공부법 2단계 | 진단평가, 수행평가 대비에 꼭 필요한 단어 복습 빈칸 넣기 문제입니다.

01	w___nde___ful	멋진, 훌륭한	06	ex___iti___g	흥미진진한	10	p___pp___	강아지
02	clo___dy	구름이 낀	07	gra___e	포도	11	an___er	화
03	u___brel___a	우산	08	h___nger	배고픔, 허기	12	u___ly	못생긴
04	s___ran___e	이상한, 오싹한	09	g___f___	선물	13	___ei___ht	높이
05	s___ec___al	특별한						

단어 연습장 공부법 3단계 | 단어를 다시 들으면서 큰 소리로 따라 읽어보세요.

UNIT 07 🎧 MP3 2권 단어 UNIT 07

학습한 날 :

단어 연습장 공부법 1단계 | 들려주는 단어를 잘 듣고, 옆의 빈칸에 세 번씩 써 보세요.

Step 1
01 climb [klaim] 오르다, 올라가다 — climb

02 turtle [tə́:rtl] 거북

03 try to [trai tu:] ~하려고 노력하다

04 safely [séifli] 안전하게

Step 2
05 shout [ʃaut] 소리치다

06 lately [léitli] 최근에

07 act [ækt] 행동하다

08 badly [bǽdli] 나쁘게

Slow and steady wins the race. 천천히 그리고 꾸준히 하면 이긴다.

Step 3

09 **diary** [dáiəri] 일기

10 **download** [dàunlóud] 내려받다

11 **enjoy** [indʒɔ́i] 즐기다, 좋아하다

12 **smart** [smɑːrt] 똑똑한

13 **older** [ouldər] 나이가 더 많은

Step 4

14 **surprising** [sərpráiziŋ] 놀라운

15 **wise** [waiz] 현명한

16 **weak** [wiːk] 약한

17 **wide** [waid] 넓은

18 **careful** [kɛ́ərfəl] 조심스러운

단어 연습장 공부법 2단계 | 진단평가, 수행평가 대비에 꼭 필요한 단어 복습 빈칸 넣기 문제입니다.

01 ___li__b	오르다, 올라가다	07 a___t	행동하다	13 ___lder	나이가 더 많은
02 t__rt__e	거북	08 ___a__ly	나쁘게	14 s__rpr__si__g	놀라운
03 tr__to	~하려고 노력하다	09 di__r__	일기	15 w___se	현명한
04 s__f__ly	안전하게	10 d__wnl__ad	내려받다	16 w___ak	약한
05 s___o__t	소리치다	11 en___oy	즐기다, 좋아하다	17 ___id___	넓은
06 l__te__y	최근에	12 s____rt	똑똑한	18 ___ar__ful	조심스러운

단어 연습장 공부법 3단계 | 단어를 다시 들으면서 큰 소리로 따라 읽어보세요.

단어 듣고 따라 쓰기 연습 **99**

단어 연습장 공부법 1단계 | 들려주는 단어를 잘 듣고, 옆의 빈칸에 세 번씩 써 보세요.

Step 1

01 turn up
[təːrn ʌp]
(소리 등을) 높이다

turn up

02 shut
[ʃʌt]
닫다

03 truth
[truːθ]
사실, 진실

04 be home
[bi houm]
집에 오다

05 keep
[kiːp]
~한 상태로 두다

06 bring
[briŋ]
가져오다

07 interesting
[íntərəstiŋ]
재미있는

08 trust
[trʌst]
믿다, 신뢰하다

09 be afraid of
[bi əfréid əv]
~을 무서워하다

Step 2

10 honest
[ánist]
정직한

11 strong
[strɔ(ː)ŋ]
강한

12 on time
[ən taim]
정시에

13 alarm clock
[əláːrm klɑk]
알람 시계

14 take a shower
[teik ə ʃáuaər]
샤워를 하다

Step 3

¹⁵ **phone call** 통화
[foun kɔ:l]
_____
_____

¹⁶ **a day** 하루에
[ə dei]
_____
_____

¹⁷ **finish** ~을 마치다
[fíniʃ]
_____
_____

¹⁸ **floor** 바닥
[flɔ:r]
_____
_____

¹⁹ **hold** 잡다
[hould]
_____
_____

단어 연습장 공부법 2단계 | 진단평가, 수행평가 대비에 꼭 필요한 단어 복습 빈칸 넣기 문제입니다.

⁰¹ tu___n ___p (소리 등을) 높이다	⁰⁸ tr___st 믿다, 신뢰하다	¹⁴ t___ke a s___ower 샤워를 하다
⁰² s___ut 닫다	⁰⁹ be afr___id of ~을 무서워하다	¹⁵ ___hone ___all 통화
⁰³ ___r___th 사실, 진실		¹⁶ a d___y 하루에
⁰⁴ be ___o___e 집에 오다	¹⁰ ___one___t 정직한	¹⁷ ___ini___h ~을 마치다
⁰⁵ k___ep ~한 상태로 두다	¹¹ ___t___ong 강한	¹⁸ fl___o___ 바닥
⁰⁶ ___rin___ 가져오다	¹² ___n t___me 정시에	¹⁹ h___ld 잡다
⁰⁷ in___ere___ti___g 재미있는	¹³ ___larm cl___ck 알람 시계	

단어 연습장 공부법 3단계 | 단어를 다시 들으면서 큰 소리로 따라 읽어보세요.

단어 듣고 따라 쓰기 연습

단어 연습장 공부법 1단계 | 들려주는 단어를 잘 듣고, 옆의 빈칸에 세 번씩 써 보세요.

Step 1

01	**secret** [síːkrit]	비밀	secret
02	**fasten** [fǽsən]	매다	
03	**vase** [veis]	꽃병	
04	**be proud of** [bi praud əv]	~을 자랑스러워하다	
05	**yourself** [juərsélf]	네 자신	
06	**waste** [weist]	낭비하다	
07	**lose** [luːz]	(경기에서) 지다	
08	**pay for** [pei fər]	지불하다	
09	**bill** [bil]	계산서	
10	**copy** [kápi]	베끼다, 복사하다	

Step 2

11	**steal** [stiːl]	훔치다	
12	**sweep** [swiːp]	(빗자루로) 쓸다	
13	**touch** [tʌtʃ]	만지다	
14	**dish** [diʃ]	접시, 음식	

15 stranger 모르는 사람
[stréindʒər]

16 behind ~ 뒤에
[biháind]

17 mess up 엉망으로 만들다
[mes ʌp]

18 charge 충전하다
[tʃá:rdʒ]

19 battery 건전지
[bǽtəri]

20 kitten 새끼 고양이
[kítən]

21 comic book 만화책
[kámik buk]

22 lazy 게으른
[léizi]

Step 3 **23 corner** 모퉁이
[kɔ́:rnər]

24 worry about ~에 대해 걱정하다
[wə́:ri əbáut]

25 join 가입하다
[dʒɔin]

26 look back 뒤돌아보다
[luk bæk]

27 during the day 낮 동안에
[djú(:)əriŋ ðə dei]

28 burn (불로) 태우다
[bə́:rn]

29 break 어기다, 깨다
[breik]

30 promise 약속
[prámis]

단어 연습장 공부법 2단계 ｜ 진단평가, 수행평가 대비에 꼭 필요한 단어 복습 빈칸 넣기 문제입니다.

01 s___cr__t	비밀	12 s___ee___	(빗자루로) 쓸다	23 co___ne___	모퉁이
02 ___aste___	매다	13 to___h	만지다	24 w___rry a___ou___	~에 대해 걱정하다
03 ___as___	꽃병	14 di___h	접시, 음식		
04 be p___ou___ of	~을 자랑스러워하다	15 s___ra___ger	모르는 사람	25 j___in	가입하다
05 yo___rs___lf	네 자신	16 b___hi___d	~ 뒤에	26 lo___k b___ck	뒤돌아보다
06 w___st___	낭비하다	17 m___ss ___p	엉망으로 만들다	27 ___uring ___he d___y	낮 동안에
07 lo___e	(경기에서) 지다	18 ch___r___e	충전하다	28 b___rn	(불로) 태우다
08 ___ay ___or	지불하다	19 ba___te___y	건전지	29 b___e___k	어기다, 깨다
09 b___ll	계산서	20 ki___en	새끼 고양이	30 pr___mi___e	약속
10 c___py	베끼다, 복사하다	21 co___ic b___ok	만화책		
11 st___al	훔치다	22 l___zy	게으른		

단어 연습장 공부법 3단계 ｜ 단어를 다시 들으면서 큰 소리로 따라 읽어보세요.

UNIT 10 🎧 MP3 2권 단어 UNIT 10

학습한 날 :

초777_2_w10

단어 연습장 공부법 1단계 ｜ 들려주는 단어를 잘 듣고, 옆의 빈칸에 세 번씩 써 보세요.

Step 1			
	01 **laundry** [lɔ́:ndri]	세탁물	laundry
	02 **someone else** [sʌ́mwʌn els]	다른 사람	
	03 **carry** [kǽri]	운반하다, 나르다	
	04 **count to** [kaunt tu:]	~까지 세다	

05 **plant** 심다
[plænt]

Step 2   06 **failure** 실패
[féiljər]

07 **living room** 거실
[líviŋ ru:m]

08 **German** 독일어
[dʒə́:rmən]

09 **weekend** 주말
[wí:kend]

10 **comment** 논평, 의견
[ká:ment]

11 **one more time** 한 번 더
[wʌn mɔ:r taim]

Step 3   12 **blow** 불다
[blou]

13 **whistle** 호루라기
[hwísl]

14 **bite** 물어뜯다
[bait]

15 **fingernail** 손톱
[fíŋgərneil]

16 **country** 나라, 국가
[kʌ́ntri]

17 **hallway** 복도
[hɔ́:lwei]

18 **sell** ~을 팔다
[sel]

19 **speech** 연설
[spi:tʃ]

20 **moment** 순간
[móumənt]

단어 듣고 따라 쓰기 연습

21	**spread** [spred]	퍼뜨리다	_____
22	**rumor** [rúːmər]	소문	_____
23	**way** [wei]	방법, 길	_____

단어 연습장 공부법 2단계 | 진단평가, 수행평가 대비에 꼭 필요한 단어 복습 빈칸 넣기 문제입니다.

01 la___n___ry	세탁물	09 w___ke___d	주말	17 h___llw___y	복도
02 so___e___ne el___e	다른 사람	10 co___m___nt	논평, 의견	18 se_____	～을 팔다
03 ___ar___y	운반하다, 나르다	11 o___e m___re ti___e	한 번 더	19 sp___e___h	연설
04 c___u___t to	～까지 세다	12 bl___w	불다	20 m___m___nt	순간
05 p___a___t	심다	13 w___is___le	호루라기	21 s___re___d	퍼뜨리다
06 f___il___re	실패	14 bi___e	물어뜯다	22 ru___o___	소문
07 li___ing ro___m	거실	15 fin___er___ail	손톱	23 w___y	방법, 길
08 G___rm___n	독일어	16 c___un___ry	나라, 국가		

단어 연습장 공부법 3단계 | 단어를 다시 들으면서 큰 소리로 따라 읽어보세요.

UNIT 11

UNIT 11은 '숫자 나타내기'로 숫자 표현 외에 다른 낯설거나 어려울 만한 영단어 표현이 나오지 않기에 단어 연습장은 따로 정리되어 있지 않음을 알려드립니다.

UNIT 12   🎧 MP3 2권 단어 UNIT 11   학습한 날 :

단어 연습장 공부법 1단계 | 들려주는 단어를 잘 듣고, 옆의 빈칸에 세 번씩 써 보세요.

Step 1	01	**penguin** [péŋgwin]	펭귄	penguin _____
	02	**pencil case** [pénsəl keis]	필통	_____

03 pillow
[pílou]
베개

04 foggy
[fɔ́:gi]
안개 낀

05 crayon
[kréiən]
크레용

06 delicious
[dilíʃəs]
맛있는

07 doughnut
[dóunʌt]
도넛

Step 2 **08 warm**
[wɔ:rm]
따뜻한

09 autumn
[ɔ́:təm]
가을

10 nearly
[níərli]
거의

11 degree
[digrí:]
(온도의) 도

12 freezing
[frí:ziŋ]
매우 추운

단어 연습장 공부법 2단계 | 진단평가, 수행평가 대비에 꼭 필요한 단어 복습 빈칸 넣기 문제입니다.

01 p__n__uin 펭귄	05 __ra__on 크레용	09 a__tu__n 가을
02 __encil __ase 필통	06 __eli__ious 맛있는	10 n__ar__y 거의
03 p__ll__w 베개	07 __oug__nut 도넛	11 __egr__e (온도의) 도
04 __og__y 안개 낀	08 w__rm 따뜻한	12 fr__e__ing 매우 추운

단어 연습장 공부법 3단계 | 단어를 다시 들으면서 큰 소리로 따라 읽어보세요.

UNIT 13 ~15

UNIT 13~15는 숫자 표현 외에 다른 낯설거나 어려울 만한 영단어 표현이 나오지 않기에 단어 연습장은 따로 정리되어 있지 않음을 알려드립니다.

MBC 공부가 머니? 추천 화제의 도서

초등영문법 777 동영상강의

초등 영어 교과서, 학교 시험
완벽 분석 반영한 초등영문법 강의

초등 영문법
쉽고 재미있게 학습 해보세요!

김유경 선생님

이화여자대학교 영어영문학과 **현** 평촌 김영부학원 영어강사
현 목동씨앤씨 특목 입시 전문학원 영어강사 **현** 메가스터디 엠베스트 영어강사
전 EBSlang〈알쓸신영〉공개강의 진행 **전** 신촌메가스터디 재수종합학원 영어강사

🖥 강의구성

교재명	가격		강의 수	수강기간	혜택
초등영문법 777 0권	5,900원		18강	150일 무료 수강연장 1회	북포인트 지급
초등영문법 777 1권	5,900원		20강	150일 무료 수강연장 1회	북포인트 지급
초등영문법 777 2권	5,900원		20강	150일 무료 수강연장 1회	북포인트 지급
초등영문법 777 3권	5,900원		20강	150일 무료 수강연장 1회	북포인트 지급
초등영문법 777 4권	5,900원		20강	150일 무료 수강연장 1회	북포인트 지급
초등영문법 777 5권	5,900원		20강	150일 무료 수강연장 1회	북포인트 지급
초등영문법 777 6권	5,900원		20강	150일 무료 수강연장 1회	북포인트 지급
초등영문법 777 0~6권	29,900원		138강	150일 무료 수강연장 1회	북쿠폰 1매 + 북포인트 지급
프리패스 이용권	연 이용권	99,000원	마더텅 동영상강의 모든 과정을 수강할 수 있습니다. (중학영문법 3800제 전과정, 중학수학 뜀틀 개념편, 유형편 전과정 등 초중고 50여개 강의 포함)	365일	북쿠폰 3매 + 북포인트 지급
	월 이용권	9,900원		30일	북포인트 지급
		14,900원			월 결제 시마다 북쿠폰 1매 + 북포인트 지급

📞 **문의전화 1661-1064** 07:00~22:00 **edu.toptutor.co.kr** 포털에서 [마더텅 인강] 검색

마더텅 학습 교재 이벤트에 참여해 주세요. 참여해 주신 모든 분께 선물을 드립니다.

이벤트 1 1분 간단 교재 사용 후기 이벤트

마더텅은 고객님의 소중한 의견을 반영하여 보다 좋은 책을 만들고자 합니다.
교재 구매 후, <교재 사용 후기 이벤트>에 참여해 주신 모든 분께는 감사의 마음을 담아
[네이버페이 포인트 1천 원] 을 보내 드립니다.
지금 바로 QR 코드를 스캔해 소중한 의견을 보내 주세요!

이벤트 2 마더텅 교재로 공부하는 인증샷 이벤트

 인스타그램에 <마더텅 교재로 공부하는 인증샷>을 올려 주시면
참여해 주신 모든 분께 감사의 마음을 담아 [네이버페이 포인트 2천 원] 을 보내 드립니다.
지금 바로 QR 코드를 스캔해 작성한 게시물의 URL을 입력해 주세요!

필수 태그 #마더텅 #초등영어 #공스타그램

※ 자세한 사항은 해당 QR 코드를 스캔하거나 홈페이지 이벤트 공지 글을 참고해 주세요.
※ 당사 사정에 따라 이벤트의 내용이나 상품이 변경될 수 있으며 변경 시 홈페이지에 공지합니다.
※ 만 14세 미만은 부모님께서 신청해 주셔야 합니다.
※ 상품은 이벤트 참여일로부터 2~3일(영업일 기준) 내에 발송됩니다.
※ 동일 교재로 두 가지 이벤트 모두 참여 가능합니다. (단, 같은 이벤트 중복 참여는 불가합니다.)
※ 이벤트 기간: 2025년 12월 31일까지 (*해당 이벤트는 당사 사정에 따라 조기 종료될 수 있습니다.)

UNIT 01 동사를 돕는 조동사 　　본문 p.02

Step 1
02 will go　　03 must drink
04 can eat　　05 may find
06 must learn　　07 must meet
08 will like　　09 can speak
10 may answer

Step 2
02 be　　03 must eat　　04 may
05 get　　06 will　　07 come
08 may think

Step 3
02 You may go home. 너는 집에 가도 좋다.
03 You can drink tea. 너는 차를 마실 수 있다.
04 They must take a bus. 그들은 버스를 타야 한다.
05 Tomorrow will be mine.
　　내일은 나의 것일 것이다.(미래는 나의 것일 것이다.)
06 He must buy some pencils.
　　그는 연필 몇 자루를 사야 한다.
07 You must try this food. 너는 이 음식을 맛봐야 한다.
08 You will learn French. 너는 프랑스어를 배울 것이다.
09 My father can make a chair.
　　우리 아버지는 의자를 만들 수 있다.
10 You must wait for your turn.
　　너는 네 차례를 기다려야 한다.

Step 4
02 must　　03 can　　04 will
05 can　　06 must　　07 will
08 may

Step 5
02 You must be able to read it.
　　너는 그것을 읽을 수 있어야 한다.
03 You must be able to call me.
　　너는 내게 전화를 걸 수 있어야 한다.
04 He may be able to see the others.
　　그는 다른 것들[사람들]을 볼 수 있게 될지도 모른다.
05 My friends will be able to help their classmates.
　　내 친구들은 그들의 학급 친구들을 도와줄 수 있게 될 것이다.
06 She will be able to know her score.
　　그녀는 자기 점수를 알 수 있게 될 것이다.

UNIT 02 할 수 있어! can 　　본문 p.06

Step 1
02 You can laugh. 너는 웃을 수 있다.
03 She can't[cannot] take a picture.
　　그녀는 사진을 찍을 수 없다.
04 I can't[cannot] sing a song.
　　나는 노래를 부를 수 없다.
05 We can buy the house. 우리는 그 집을 살 수 있다.
06 They can't[cannot] play tennis.
　　그들은 테니스를 칠 수 없다.
07 He can't[cannot] eat the cake.
　　그는 케이크를 먹을 수 없다.
08 I can go shopping. 나는 쇼핑하러 갈 수 있다.
09 You can park your car. 너는 차를 주차할 수 있다.
10 You can't[cannot] take a walk.

너는 산책할 수가 없다.
11 They can't[cannot] speak Japanese.
　　그들은 일본어를 말할 수 없다.
12 They can catch the bus.
　　그들은 버스를 잡을 수 있다.
13 I can't[cannot] read the book.
　　난 그 책을 읽을 수 없다.
14 She can sleep at night. 그녀는 밤에 잘 수 있다.

Step 2
02 Can you ride a bicycle? 너는 자전거를 탈 수 있니?
　　Yes, I can. / No, I can't.
　　응, 탈 수 있어. / 아니, 탈 수 없어.
03 Can he wear this coat?
　　그는 이 코트를 입을 수 있니?
　　Yes, he can. / No, he can't.
　　응, 입을 수 있어. / 아니, 입을 수 없어.
04 Can she change her name?
　　그녀는 그녀의 이름을 바꿀 수 있니?
　　Yes, she can. / No, she can't.
　　응, 바꿀 수 있어. / 아니, 바꿀 수 없어.
05 Can we cut the cake?
　　우리가 케이크를 자를 수 있니?
　　Yes, we can. / No, we can't.
　　응, 자를 수 있어. / 아니, 자를 수 없어.
06 Can Sally brush her teeth?
　　Sally는 양치질을 할 수 있니?
　　Yes, she can. / No, she can't.
　　응, 할 수 있어. / 아니, 할 수 없어.
07 Can he jump the rope?
　　그는 줄넘기를 할 수 있니?
　　Yes, he can. / No, he can't.
　　응, 할 수 있어. / 아니, 할 수 없어.
08 Can they take a break? 그들은 쉴 수 있니?
　　Yes, they can. / No, they can't.
　　응, 쉴 수 있어. / 아니, 쉴 수 없어.
09 Can she write poems? 그녀는 시를 쓸 수 있니?
　　Yes, she can. / No, she can't.
　　응, 쓸 수 있어. / 아니, 쓸 수 없어.
10 Can we wash the dishes?
　　우리가 설거지를 할 수 있니?
　　Yes, we can. / No, we can't.
　　응, 할 수 있어. / 아니, 할 수 없어.

Step 3
02 능　　03 능　　04 허
05 능　　06 허　　07 허
08 능　　09 허　　10 허

Step 4
02 Of course　　03 I'm sorry　　04 OK
05 No　　06 Of course

UNIT 03 꼭 해야 해! must 　　본문 p.10

Step 1
02 You must not go to elementary school.
　　너는 초등학교에 가서는 안 된다.
03 I have to take care of my sister.
　　나는 내 여동생을 보살펴야 한다.
04 You must cross the road.
　　너는 길을 건너야 한다.
05 I must leave my dog alone.

나는 내 개를 혼자 둬야 한다.
06 We don't have to deliver the letters.
　　우리는 그 편지들을 배달할 필요가 없다.
07 They must not say good-bye to her.
　　그들은 그녀에게 작별인사를 해서는 안 된다.
08 You have to water the tree.
　　너는 나무에 물을 줘야 한다.
09 She has to hurry up.
　　그녀는 서둘러야 한다.
10 They don't have to watch this show.
　　그들은 이 공연을 볼 필요가 없다.

Step 2
02 musts → must
03 wears → wear
04 Do → Does
05 have not to → don't have to
06 has → have
07 don't must → must not[don't have to]
08 don't → doesn't

Step 3
02 has to　　03 have to　　04 has to
05 have to　　06 have to　　07 has to
08 have to　　09 has to　　10 have to

Step 4
02 must not　　03 doesn't have to
04 don't have to　　05 don't have to
06 must not　　07 must not
08 don't have to　　09 must not
10 doesn't have to

UNIT 04 be동사 과거형 　　본문 p.14

Step 1
02 wasn't　　03 wasn't　　04 weren't
05 wasn't　　06 weren't　　07 wasn't
08 wasn't　　09 wasn't　　10 weren't

Step 2
02 Were we close friends?
　　우리는 가까운 친구 사이였니?
03 Was I a diligent student?
　　나는 부지런한 학생이었니?
04 Were you in the picture? 너는 그 사진에 있었니?
05 Was he happy? 그는 행복했니?
06 Were we in Africa? 우리가 아프리카에 있었니?
07 Were they glad to see her?
　　그들은 그녀를 보고 기뻐했니?
08 Was he nervous?
　　그는 신경이 곤두서 있었니?
09 Were the children small?
　　그 아이들은 (키가) 작았니?
10 Was she wrong? 그녀가 틀렸니?

Step 3
02 You weren't[were not] my hero.
　　당신은 나의 영웅이 아니었다.
03 He wasn't[was not] like his father.
　　그는 그의 아버지같지 않았다.
04 We weren't[were not] in front of the hospital.
　　우리는 병원 앞에 있지 않았다.
05 The musical wasn't[was not] fun.

그 뮤지컬은 재미없었다.

06 It wasn't[was not] a sunny day.
맑은 날씨가 아니었다.

07 This wasn't[was not] his notebook.
이것은 그의 공책이 아니었다.

08 I wasn't[was not] in the bathroom.
나는 욕실에 있지 않았다.

09 She wasn't[was not] a super star.
그녀는 대스타가 아니었다.

10 It wasn't[was not] far from my house.
그것은 우리 집에서 멀지 않았다.

Step 4

02 ×, wasn't[was not]   **03** ×, were
04 ○   **05** ×, was not[wasn't]
06 ×, Was   **07** ×, was
08 ○   **09** ○
10 ×, was

UNIT 05 일반동사 과거형   본문 p.18

Step 1

02 say   **03** didn't come   **04** read
05 write   **06** lived   **07** didn't say
08 get   **09** walked   **10** used
11 moved   **12** learn   **13** loved
14 work   **15** jumped   **16** opened
17 sang   **18** make   **19** read
20 woke up

Step 2

02 ○
03 ×, They said yes. 그들은 '네'라고 말했다.
04 ○
05 ×, It didn't rain much. 비가 많이 오지 않았다.
06 ×, Did it snow yesterday? 어제 눈이 왔니?
07 ×, Did you save a lot of money?
너는 돈을 많이 저축했니?
08 ○
09 ×, He wrote an e-mail. 그는 이메일을 썼다.
10 ×, We didn't start our game.
우리는 우리의 게임을 시작하지 않았다.

Step 3

02 didn't get **03** came   **04** lived
05 Did, go   **06** didn't read **07** Did, sing
08 said   **09** walked   **10** didn't watch

UNIT 01~05 실전테스트   본문 p.22

01 can, will, must
02 (1) must go (2) will clean
03 (1) was (2) weren't[were not]
(3) wasn't[was not]
04 She didn't[did not] like carrots before.
그녀는 전에는 당근을 좋아하지 않았었다.
05 We didn't[did not] go to school yesterday.
우리는 어제 학교에 가지 않았다.
06 The dog didn't[did not] eat pizza last night.
그 개는 어젯밤 피자를 먹지 않았다.
07 My mom didn't[did not] watch TV yesterday.
나의 엄마는 어제 TV를 보지 않았다.
08 You must do your homework.
너는 숙제를 해야 한다.
09 She can cook this soup.
그녀는 이 수프를 요리를 할 수 있다.
10 He has to speak English.

그는 영어를 말해야 한다.

11 You will be able to play soccer.
너는 축구를 할 수 있게 될 것이다.

12 I can't play the piano.
나는 피아노를 칠 수 없다.

13 They aren't kind to my kids.
그들은 나의 아이들에게 친절하지 않다.

14 I didn't wash the dishes.
나는 설거지를 하지 않았다.

15 He wasn't a scientist.
그는 과학자가 아니었다.

16 You weren't his friend.
너는 그의 친구가 아니었다.

17 have to   **18** can
19 will   **20** must
21 was yesterday(어제)이므로 과거
22 are this year(올해)이므로 현재
23 were an hour ago(한 시간 전에)이므로 과거
24 is now(지금)이므로 현재
25 she wasn't   **26** it[he/she] didn't
27 Did, he did   **28** they weren't
29 We watched a movie yesterday.
우리는 어제 영화를 보았다.
30 She went to Japan last week.
그녀는 지난 주에 일본에 갔다.

UNIT 06 꾸미고 설명하는 형용사   본문 p.26

Step 1

02 beautiful   **03** pretty   **04** good
05 three   **06** wonderful   **07** hungry
08 cute   **09** cloudy   **10** long
11 yellow   **12** strange   **13** special
14 tall   **15** exciting

Step 2

02 (h)andsome **03** (g)ood   **04** (r)ainy
05 (t)wo   **06** (c)ute   **07** (r)ed
08 (t)hirsty   **09** (s)unny   **10** (y)ellow
11 (c)old   **12** (h)appy   **13** (f)amous
14 (s)weet

Step 3

02 hungry   **03** sad   **04** nice
05 poor   **06** easy   **07** pretty
08 happy   **09** sweet   **10** angry
11 ugly   **12** high   **13** large
14 spicy

UNIT 07 꾸미기 대장, 부사   본문 p.30

Step 1

02 angrily   **03** carefully   **04** slowly
05 fast   **06** well   **07** outside
08 always   **09** often   **10** never
11 nicely   **12** safely   **13** gladly
14 sometimes

Step 2

02 hard   **03** always   **04** angrily
05 often   **06** late   **07** early
08 always   **09** well   **10** carefully
11 slowly   **12** seldom   **13** quickly
14 loudly   **15** sometimes

Step 3

02 ③   **03** ②   **04** ②

05 ②   **06** ②   **07** ②
08 ②   **09** ③   **10** ③

Step 4

02 badly   **03** kindly   **04** surprisingly
05 fast   **06** greatly   **07** quietly
08 well   **09** specially   **10** wisely
11 early   **12** beautifully   **13** weakly
14 shortly   **15** widely   **16** carefully
17 nicely   **18** closely

UNIT 08 '해라!' 명령문   본문 p.34

Step 1

02   **03** ○   **04** ○
05   **06** ○   **07** ○
08   **09** ○   **10**
11   **12** ○   **13**
14 ○   **15**   **16** ○
17 ○   **18**   **19** ○
20

Step 2

02 Watch the movie. 그 영화를 봐.
03 Water the plants every day. 매일 식물에 물을 줘라.
04 Come here right now. 지금 당장 이리로 와라.
05 Clean your room. 네 방을 청소해라.
06 Be strong. 강해져라.
07 Study English hard. 영어를 열심히 공부해라.
08 Come here on time. 여기에 제 시간에 와라.
09 Run fast. 빨리 뛰어라.
10 Go to bed early. 일찍 잠자리에 들어라.
11 Turn off the alarm clock. 알람 시계를 꺼라.
12 Take a shower. 샤워해라.

Step 3

02 Answer my phone call. 내 전화에 답해라.
03 Read a book a day. 하루에 책 한 권을 읽어라.
04 Finish your homework. 숙제를 끝내라.
05 Put your bag on the floor, please. / Please put
your bag on the floor. 가방을 바닥에 놓으세요.
06 Take your sister with you. 여동생을 데려가라.
07 Hold hands with your friend, please. / Please
hold hands with your friend. 친구랑 손을 잡으세요.
08 Listen to this music, please. / Please listen to
this music. 이 음악을 들어보세요.
09 Take a picture, please. / Please take a picture.
사진 좀 찍어 주세요.
10 Wear a coat, please. / Please wear a coat.
외투를 입으세요.

UNIT 09 '하지 마!, 부정 명령문   본문 p.38

Step 1

02 Keep the secret. 비밀을 지켜라.
03 Don't[Do not] write an e-mail.
이메일을 쓰지 마라.
04 Don't[Do not] sit on the table.
탁자 위에 앉지 마라.
05 Don't[Do not] enter the room.
그 방에 들어가지 마라.
06 Fasten your seat belt. 안전벨트를 매라.
07 Be like your father. 네 아버지처럼 되어라.
08 Don't[Do not] help me now. 지금 날 도와주지 마라.
09 Fill the vase. 꽃병을 채워라.
10 Don't[Do not] finish your homework.
숙제를 끝내지 마라.

11 Be proud of yourself.
네 자신을 자랑스럽게 여겨라.

12 Don't[Do not] go out now. 지금 밖에 나가지 마라.

13 Don't[Do not] be a strong person.
강한 사람이 되지 마라.

14 Read a book at lunchtime. 점심 시간에 책을 읽어라.

15 Don't[Do not] waste water and energy.
물과 에너지를 낭비하지 마라.

16 Use this computer. 이 컴퓨터를 사용해라.

17 Don't[Do not] lose the soccer game.
축구 시합에서 지지 마라.

18 Enjoy your vacation. 너의 방학을 즐겨라.

19 Pay for your bill. 네 요금을 지불해라.

20 Don't[Do not] copy your friend's essay.
네 친구의 에세이를 베끼지 마라.

Step 2

02 Don't[Do not] steal money. 돈을 훔치지 마라.

03 Sweep the floor. 바닥을 쓸어라.

04 Never touch the dish. 그 접시를 절대 만지지 마라.

05 Don't[Do not] follow strangers.
낯선 사람을 따라가지 마라.

06 Hide behind the wall. 벽 뒤로 숨어라.

07 Never mess up your room.
네 방을 절대 어지럽히지 마라.

08 Don't[Do not] turn off the computer.
컴퓨터를 끄지 마라.

09 Don't[Do not] charge your battery.
네 건전지를 충전하지 마라.

10 Stop playing games. 게임을 그만해라.

11 Don't[Do not] take care of the kitten.
그 새끼 고양이를 돌보지 말아라.

12 Eat the cake. 그 케이크를 먹어라.

13 Play the cello at night. 밤에 첼로를 켜라.

14 Don't[Do not] read a comic book in class. 수업
시간에 만화책을 읽지 말아라.

15 Never be lazy. 절대 게으르게 굴지 마라.

Step 3

02 ×, Never[Don't] stop   **03** ○

04 ○   **05** ×, Join

06 ○   **07** ○

08 ×, Don't catch   **09** ○

10 ○   **11** ○

12 ○   **13** ×, Stand up

14 ×, Never drink   **15** ○

UNIT 10 '함께 해' 청유문   본문 p.42

Step 1

02 ○

03 ×, Let's not take someone else's umbrella.
다른 사람의 우산을 가져가지 말자.

04 ×, Let's begin a class. 수업을 시작하자.

05 ○

06 ×, Let's build a house. 집을 짓자.

07 ○

08 ×, Let's carry the boxes. 그 상자들을 나르자.

09 ○

10 ×, Let's not be late. 늦지 말자.

11 ○

12 ×, Let's help her. 그녀를 돕자.

13 ○

14 ×, Let's study science. 과학을 공부하자.

15 ×, Let's (not) fill the bottle.
그 병을 채우자(채우지 말자).

16 ○

17 ×, Let's watch the movie. 그 영화를 보자.

18 ○

19 ×, Let's not listen to him. 그의 말을 듣지 말자.

20 ○

Step 2

02 Let's climb a mountain. 등산을 하자.

03 Let's not be afraid of failure.
실패를 두려워하지 말자.

04 Let's do our homework. 우리 숙제하자.

05 Let's buy some flowers.
꽃을 좀 사자.

06 Let's not leave home. 집을 나서지 말자.

07 Let's not tell the news. 그 소식을 말하지 말자.

08 Let's go to the living room. 거실로 가자.

09 Let's find out the answer. 답을 찾자.

10 Let's go hiking on Saturday.
토요일에 하이킹을 가자.

11 Let's leave this room. 이 방을 나가자.

12 Let's learn German with me. 나와 독일어를 배우자.

13 Let's borrow the books. 책들을 빌리자.

14 Let's make plans for the weekend.
주말 계획을 세우자.

15 Let's speak to Mr. Kim. 김 선생님에게 말하자.

16 Let's sleep at 9 o'clock. 9시 정각에 자자.

17 Let's build our town. 우리의 마을을 짓자.

18 Let's not read the comment. 그 의견을 읽지 말자.

19 Let's meet famous people. 유명한 사람들을 만나자.

20 Let's think about it one more time.
그것에 대해 한 번 더 생각해 보자.

Step 3

02 명	**03** 청	**04** 청
05 명	**06** 청	**07** 명
08 명	**09** 명	**10** 청
11 명	**12** 청	**13** 명
14 명	**15** 청	

UNIT 06~10 실전테스트   본문 p.46

01 ④

02 형용사 – good, rainy / 부사 – always, well,
happily

03 Don't[Do not]   **04** ③

05 ④   **06** (D)on't (w)atch

07 ③ Let's '~하자'

08 ①, ④
① 뛰지 마라. ④ 너의 휴대전화를 사용하지 마라.

09 Let's   **10** Don't[Do not]

11 beautiful   **12** tall   **13** R

14 E   **15** Please   **16** Never

17 c   **18** u

19 ①
① 형용사 ②③④ 부사

20 ②
② 산책을 하자.

21 (s)eldom   **22** (a)lways   **23** (n)ever

24 (s)ometimes **25** (o)ften   **26** nice, take

27 Be a nice person. 멋진 사람이 되어라.

28 Let's eat Japanese food. 일식을 먹자.

29 Don't lose your bag. 네 가방을 잃어버리지 마라.

30 Let's not see it. 그것을 보지 말자.

UNIT 11 숫자 나타내기   본문 p.50

Step 1

02 four-fifths   **03** three point one four

04 zero point zero one

05 area code zero two, seven six o, eight o five
four

06 eighth   **07** five point zero one

08 twentieth   **09** seventy-second

10 two double zero, four three five two

11 one-third

Step 2

02 fifth   **03** two-sevenths

04 three-fifths   **05** one point zero one

06 zero one zero, nine eight seven six,
five four three two

Step 3

02 zero one zero, eight six seven two, eight
double[six] six two

03 four-sixths   **04** (zero) point two

05 area code zero three one, two three two, four
two six three

06 three point five two

07 seven point eight three

08 five-sevenths

09 three six two, double[five] five two three

UNIT 12 비인칭주어 it   본문 p.54

Step 1

02 대	**03** 비	**04** 대
05 대	**06** 비	**07** 대
08 비	**09** 대	**10** 비
11 대	**12** 비	**13** 비
14 비	**15** 대	**16** 대
17 비	**18** 대	**19** 비
20 비		

Step 2

02 어둡고 춥다.   **03** 밖은 따뜻하다.

04 가을이다.   **05** (날이) 환했다.

06 4월 13일이었다.   **07** 10시 15분이다.

08 토요일 아침이다.   **09** 서점까지는 30미터이다.

10 거의 밤 12시 정각이었다.   **11** 금요일이었다.

12 지금은 봄이다.   **13** 맑고 화창하다.

14 아침 5시였다.   **15** 추운 겨울이었다.

16 수요일 5시 정각이다.   **17** 이 방은 20도다.

18 어둡지 않았다.

19 여기에서부터 10킬로미터이다.

20 눈이 오고 매우 추웠다.

Step 3

02 It is[It's] ten meters. 10m야.

03 It is[It's] cloudy. 흐려.

04 It is[It's] summer. 여름이야.

05 It is[It's] October (the) fourteenth[14th].
10월 14일이야.

06 It was warm spring. 따뜻한 봄이었어.

07 It is[It's] seven forty. 7시 40분이야.

08 It is[It's] ten[10] degrees here. 여긴 10도야.

09 It is[It's] windy today. 오늘은 바람이 불어.

10 It was March (the) second[2nd]. 3월 2일이었어.

11 It is not[It's not / It isn't] far. 멀지 않아.

12 It was 100[one hundred] kilometers to Daegu.
대구까지 100km였어.

13 It is[It's] 4 o'clock. 4시 정각이야.

14 It is[It's] Sunday. 일요일이야.

15 It is[It's] August (the) third[3rd]. 8월 3일이야.

UNIT 13 시간 묻고 답하기 본문 p.58

Step 1

02 nine o'clock
03 seven twelve
04 a quarter after three
05 a quarter to four
06 twenty after four
07 half to eight
08 half past six
09 two thirty
10 one o'clock
11 a quarter past ten
12 eleven forty-five
13 four thirty-seven
14 five o'clock
15 half after eight
16 ten thirty
17 twelve fifteen
18 two thirty-five
19 What
20 It's

Step 2

02 a quarter
03 seven
04 six
05 eleven
06 o'clock
07 What
08 It's
09 thirty[half]
10 six
11 ten
12 thirty
13 a quarter
14 twenty
15 after[past]

Step 3

02 3:30
03 9:45
04 6:15
05 8:15
06 9:50
07 5:15
08 1:12
09 2:30
10 2:43
11 8:30
12 12:15
13 11:45
14 5:54
15 7:30
16 1:10

UNIT 14 날짜와 요일 말하기 본문 p.62

Step 1

02 (the) twenty-first[21st]
03 was
04 date
05 It
06 (the) first[1st]
07 was
08 (the) seventh[7th]
09 day
10 It

Step 2

02 February
03 April
04 Wednesday
05 December
06 Thursday
07 July
08 August
09 September
10 Tuesday
11 November
12 October
13 Monday
14 Friday
15 March
16 Saturday

Step 3

02 It is Thursday. 목요일입니다.
03 It is August (the) twelfth[12th].
　8월 12일입니다.
04 What date was it yesterday?
　어제는 며칠이었습니까?
05 It was June (the) thirteenth[13th].
　6월 13일이었습니다.
06 It was July (the) twenty-fourth[24th].
　7월 24일이었습니다.
07 It is Sunday. 일요일입니다.
08 What date is it (today)? 오늘은 며칠입니까?
09 It is Tuesday. 화요일입니다.
10 It is December (the) fifteenth[15th].
　12월 15일입니다.

UNIT 15 가격 묻고 답하기 본문 p.66

Step 1

02 one hundred (and) twenty dollars
03 one hundred (and) forty-six dollars
04 one hundred (and) eighty-three dollars
05 one thousand, three dollars

---

06 one thousand, twenty-six dollars
07 one thousand, five hundred (and) seventy-six dollars
08 one thousand, nine hundred (and) eighty-six dollars
09 six thousand, two hundred (and) forty-three dollars
10 seven thousand, eight hundred dollars
11 two hundred (and) sixty-seven dollars
12 five thousand, five hundred (and) thirty dollars
13 eight hundred dollars
14 seven hundred (and) seventy dollars
15 five thousand, one hundred dollars

Step 2

02 It is five hundred (and) sixty dollars. 560달러에요.
03 It is one hundred (and) eleven dollars.
　111달러에요.
04 It is one thousand, two hundred dollars.
　1,200달러에요.
05 It is thirty dollars. 30달러에요.
06 It is one thousand, five hundred (and) fifty dollars. 1,550달러에요.

Step 3

02 ×, is
03 ×, is
04 ×, is
05 ×, much
06 ○
07 ○

UNIT 11~15 실전테스트 본문 p.70

01 ②
02 기수 – seven, twenty
　서수 – fifth, sixth, eighth
03 What
04 Area code
05 ③ 7월 - July
06 ④
07 ②
08 ②, ④ ① two-thirds ③ one point zero one
09 (1) 대 (2) 비 (3) 비 (4) 대
10 It
11 b, u
12 is it, half[thirty]
13 FRIDAY
14 TWELFTH
15 to
16 quarter
17 ③
18 ③
19 ②
20 ② 요일은 day, 날짜는 date
21 ninth, 9번째
22 APRIL, 4월
23 fifty, 50
24 It
25 was
26 was, October
27 It is May sixteenth[16th]. 5월 16일이다.
28 It is hot summer. 더운 여름이다.
29 It is Sunday morning. 일요일 아침이다.
30 It is three hundred and fifty dollars.
　350달러이다.

UNIT 01~15 총괄평가 1회 본문 p.74

01 ③ 현재형
　①②④ 과거형
02 must
03 can
04 don't have to
05 ①
06 ④
07 ②
08 ②
09 ② 현재로 물었으므로 Yes, I am.
10 ③
11 sound 그 음악은 아름답다.
12 famous 그녀는 아주 유명해졌다.
13 taste 이 수프는 짜다.
14 ③
15 ④ came → come

---

16 ③ Let's bring → Bring
17 sometimes
18 never
19 always
20 seldom
21 ①
22 ④
　① three point zero three
　② double[seven] seven eight, one two eight four
　③ two-fifths
23 ②
24 ④ twentieth
25 double[three] three one, five one three eight
26 ten point five
27 four forty[twenty to five]
28 ③
　must not: ~해서는 안 된다
　don't have to: ~할 필요가 없다
29 ②
30 ② come – came
31 ① write – wrote
32 ④ go – went
33 ① wake – woke
34 It is half to seven. 7시가 되기 30분 전이다.
35 ④
36 ②
37 ②
38 ④
39 ② half past[after] eight
40 Let's

UNIT 01~15 총괄평가 2회 본문 p.80

01 ③
02 ①
03 ①
04 ③ easily
05 ③ ① late는 형용사, 부사 형태가 같음
06 ②
07 ④
08 ④ look → looks 또는 looked
09 ④ tomorrow: 내일
10 ③
11 ②
12 ② 허락의 can
13 strange 감각동사+형용사
14 ②
15 ④
　8시 지난 30분 = 9시가 되기 30분 전
16 ④
17 three thousand, eight hundred (and) twenty
18 zero three two, five double[six] six, two four eight seven
19 three-sevenths
20 six point three two
21 ②
22 ③
23 ④
24 ③
25 ③
　A: 당신은 간호사였습니까?
　B: 네, 그랬습니다.
26 ①
27 ③
28 ②
29 ①
30 ②
31 ①
32 (1) Let's not leave here early.
　여기를 빨리 떠나지 말자.
　(2) You don't have to boil water.
　너는 물을 끓일 필요가 없다.
33 date
34 What
35 What time
36 $\frac{2}{3}$
37 2.5
38 don't have to
39 You can park there.
　너는 거기에 주차할 수 있다.
40 You must clean the table.
　너는 그 테이블을 치워야 한다.